INTERIOR DESIGN

インテリアデザイン技能検定公式テキスト

日本室内意匠協会 編著

電気書院

はじめに

インテリアデザイン（interior design）のインテリア（interior）は、元は英語ですが、日本の辞書で引いてみると、「建物の内部。室内。また、壁紙、床材、照明器具や家具類など室内を装飾するもの。」と書かれています。日本語には、「室礼」（しつらい）という言葉が古くからあり、「平安時代、宴や儀式などを行うハレの日に、寝殿造りの邸宅の母屋や庇に調度類を置いて室内を装飾すること」でした。日本では、明治時代以降、学校や銀行、役所などで、西洋式の起居様式である「椅子座」が導入され、それとともにインテリアの概念も入ってきました。一般住宅については、昭和戦後になって、団地などで、ダイニング・キッチンやリビングルームが導入され、

インテリアが身近なものとなりました。

インテリアのうち、家具やカーテン、照明器具などを購入し、自宅の部屋に配置することは、誰にでもできることです。しかし、家具や内装をトータル的に調和したものとして、快適で美しい空間をつくるためには、インテリアデザイナーが知識や感性を活かして提案することが必要となります。

インテリアに携わる分野には、インテリアコーディネーターやインテリアプランナーなどの資格があり、インテリアの知識と技術の習得が資格取得の条件となっています。大学や工業高校、専門学校などで、建築やインテリアを学んだ方は、科目履修によって、インテリアの知識と技術を習得しています。

現在では、町の書店でも数多くの美しいインテリア雑誌が並んでおり、インターネットでインテリアのキーワード、例えば「北欧インテリア」「ブルックリン・スタイル」などで画像検索すると、無数の画像がヒットします。しかし、インテリアコーディネーターという言葉が使われ始めた1980年代頃においては、数種のインテリア雑誌や専門書で学ぶ以外に情報はありませんでした。

そのために、インテリアコーディネーターになるための知識や技術を習得するには多大な努力が必要でした。資格試験においても、インテリアを取り巻く多くの知識を習得することが求められました。インテリアの歴史やスタイル、インテリア設計、家具の構造や住宅設備の知識、床や壁の材料と工法、仕上げ材料の種類、熱や空気などの室内環境、インテリア法規や制度のほか、インテリア全般にわたる幅広い知識を覚える必要がありました。

インテリアデザイン技能検定は、主に住まいの空間を対象として、インテリア計画の必要知識を習得した上で、平面図や展開図、透視図を、正確かつ手早く描くことのできる技能を客観的に認定するために設けられたものです。

もくじ

1

インテリアデザインに
必要な知識

私たちは古来より、身の回りの環境をとらえるために「長さ」などを測ってきました。計測道具や基準がない時代は、手や足などの人体を使ってものの長さを測りました。ヨーロッパでは18世紀末に統一単位としてメートル法が制定されましたが、それまでは、人体寸法を使ったヤードやフィート、日本では、尺や寸といった単位を使っていました。

これから学ぶ、インテリア空間も人間のさまざまな行為の受け皿であり、人体寸法を理解することは大切です。人間の身長や肩幅、座った時の座高や下腿高はどのくらいでしょうか。性別や年齢によっても異なり、個人差もあります。インテリア計画では、平均的な大人の数値によって設定しています。

人間は日常生活を送る上で、さまざまな姿勢をとり動作を行います。例えば、立って移動する、立ちながら手を使って調理や洗面をします。また、椅子に座って、くつろいだり、食事をしたり、勉強や仕事をします。床に直接座ることもあるでしょう。ベッドでは横になって睡眠をとります。これらの動作に必要な水平と垂直の寸法を組み合わせた空間を動作空間と呼び、インテリア計画では、これらの動作が円滑に行われるようにすることが大切です。

実際の寸法には幅（範囲）がありますが、本書では表記上、簡潔にするため標準値としています。

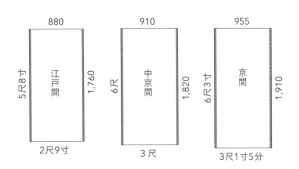

●人体サイズを基準にした「尺」

尺は、親指と人差し指を広げた形で、303.03mmと定義され、日本の伝統的建築における寸法の基準です。尺の1/10の長さを寸といいます。畳寸法（中京間）は、3尺×6尺（910mm×1,820mm）で、押入の1間（＝6尺）も1,820mmとなります。

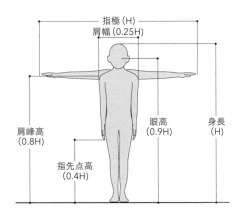

●人体寸法の概略値

平均的な人体寸法は、図のような比率を有しており、身長と手を横に広げた指極はほぼ等しい数値となります。肩峰高、眼高、肩幅などの比率もほぼ一定の値となり、身長165cmの人では、肩峰高は約132cm、肩幅は約41cmとなります。

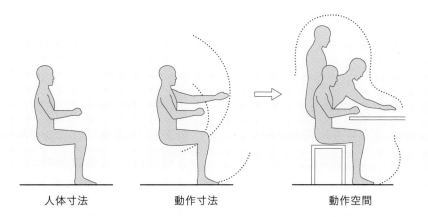

人体寸法　　　　　動作寸法　　　　　動作空間

●人体寸法→動作寸法→動作空間
それぞれの動作は、人体寸法に手足などの動作の範囲を加えることで、一定の空間を必要とします。上図は垂直方向の寸法で、同時に平面的な水平方向の動作空間を合わせて、三次元の動作空間となり、部屋のレイアウトの基本となります。

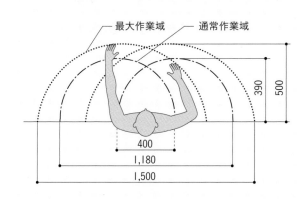

●水平作業の動作寸法
机など水平面での動作で、肘を曲げて手の届く範囲を通常作業域といい、腕を伸ばして届く範囲を最大作業域といいます。通常作業域の平均的な左右幅は1,180mm、奥に手の届く範囲は390mmで、机やテーブル面での動作寸法となります。

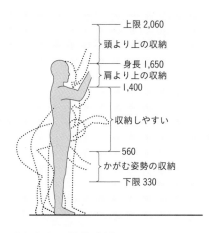

●収納の出し入れの動作寸法
収納は、空間の有効活用のために、床から天井まで、垂直に積み重ねられています。人間が立った姿勢で収納しやすい範囲は、床から560〜1,400mmの範囲で、よく使うものはこの範囲に収納し、使用頻度の低いものをその上下に収納します。

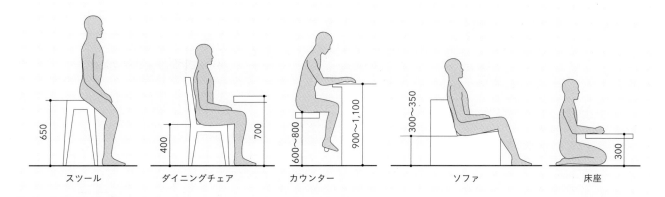

スツール　　ダイニングチェア　　カウンター　　ソファ　　床座

●さまざまな座り作業の動作寸法
基本的な座り姿勢はダイニングチェアで、作業椅子も同様の動作寸法と考えます。少し腰掛ける高めのスツール、カフェなどのカウンター椅子、くつろぐための低めのソファやイージーチェア、和室の床座などで座面の高さが異なります。

日本の伝統的な住まいでは、それぞれ使う人ごとの部屋であり、畳の上でさまざまな行為が行われていました。このような部屋のあり方を転用性と呼び、固定的な家具を置くことなく、必要なときに部屋に持ち出して使っていました。分かりやすい例では、和室に布団を敷いて就寝し、朝には布団を押入れに片付けて、お膳を出して朝食をとっていました。

ヨーロッパなどの住まいでは、床が石や板張りでできているため、元々、椅子やテーブル、ベッドなどの脚つき家具によって、冷たい床から人体を離すことで快適さを保ってきました。現代の日本の住まいや部屋も洋風化し、これらの洋風家具を使用するよう

になり、部屋の用途が決められるようになりました。インテリア計画では、部屋ごとに主な生活行為が固定されるために、リビングルームやキッチンなどの各部屋のことを単位空間と呼びます。それぞれの部屋で、いくつかの動作を行うことから、動作空間を組み合わせて、余裕を加えて、単位空間が生まれます。キッズルームなら、ベッドで就寝する、机で勉強する、洋服たんすに衣類を出し入れする、書棚に本を出し入れする、ドアで出入りするなどを組み合わせて、家具の配置などを計画します。

ここでも、各寸法には幅（範囲）がありますが、表記上、簡潔にするため標準的な数値としています。

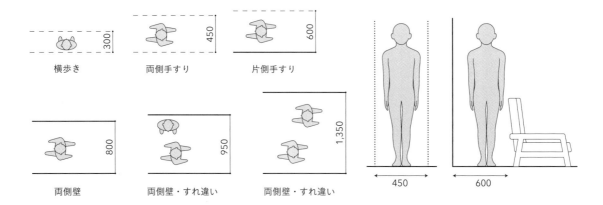

横歩き　両側手すり　片側手すり
両側壁　両側壁・すれ違い　両側壁・すれ違い

● 人体サイズと通行空間

人の肩幅は約400mmで、ゆとり寸法を加えて、通行空間を設定します。通行時に、側面に壁がある場合とない場合で、ゆとり寸法が異なります。椅子と壁の間（片側手すり）を通行するなら、600mm程度の空きを確保しましょう。

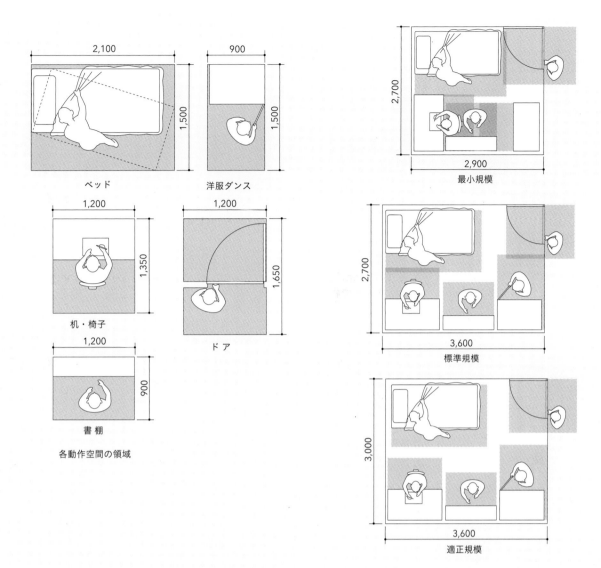

ベッド　　　　　　　　洋服ダンス

机・椅子

ドア

書棚

各動作空間の領域

最小規模

標準規模

適正規模

●動作空間を組み合わせた単位空間とゆとり

キッズルームの動作空間として、ベッド、机と椅子、洋服ダンス、本棚、ドアの５つの動作空間を組み合わせて、部屋の大きさを検討します。重なる場合を最小規模、ちょうどで標準規模、余裕がある場合を適正規模としてレイアウトします。

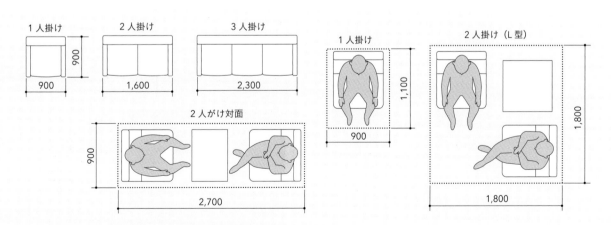

1人掛け　　　　2人掛け　　　　3人掛け

2人がけ対面

1人掛け　　　　　　2人掛け（L型）

●リビングルームのソファ配置の単位空間

ソファはゆったり座るために、大きなサイズとなっており、2人掛け、3人掛けでは、幅がさらに大きくなります。1人掛けの動作空間は幅900mm奥行1,100mm程度とし、2人掛けでは、対面とL型で必要となる動作寸法が異なります。

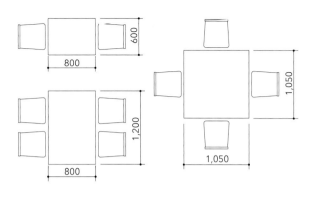

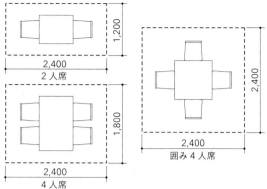

●ダイニングルームのテーブル配置の単位空間

ダイニングテーブルの平均的なサイズは、2人席で幅600mm
奥行800mm程度、4人席で幅1,200mm奥行800mm程
度となっておいます。椅子を置いた単位空間は、4人席で幅
1,800mm奥行2,400mm程度となります。

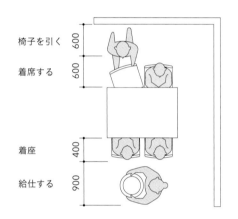

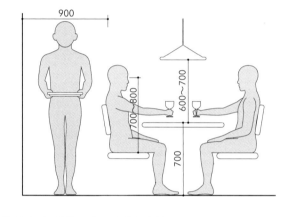

●ダイニングテーブル周りのスペース

ダイニングテーブルの配置を検討する際には、椅子を引いて座
るための空きや、座っている椅子の後ろを人が通ることのできる
スペースを確保して、壁からテーブルまで1,200〜1,300mm程
度離しておくと、通りやすくなります。

●ダイニングテーブルの高さ寸法

ダイニングテーブルの高さは700mmくらいで、椅子に座った人
の目線は床から1,100〜1,200mmとなります。食卓ペンダント
ライトの下端は、その少し上あたりがよく、テーブルから600〜
700mm程度上にします。

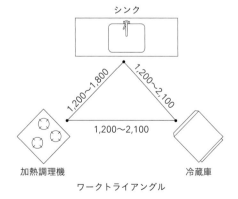

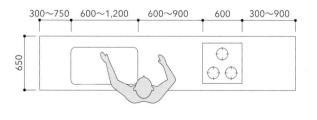

●ワークトライアングル〜シンク・冷蔵庫・コンロ

シンク、冷蔵庫、コンロを結ぶ三角形は「ワークトライアングル」
と呼ばれ、一辺の長さを使いやすい距離にします。それぞれ1,200
〜2,100mm程度で、三辺の合計は3,600〜6,000mmが適当
とされています。

●キッチンの作業スペース

作業スペースの間口は、シンク600〜1,200mm、調理スペース
600〜900mm、コンロ600mmで、ワークトライアングルを考
慮した配置とします。奥行は壁付きで650mm、対面式カウンタ
ーでは900mm程度となっています。

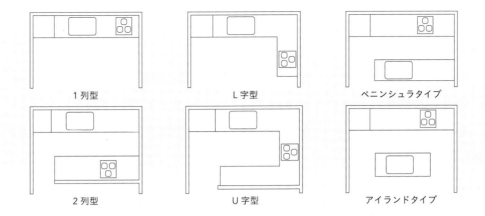

1列型　　　　　　　　L字型　　　　　　　　ペニンシュラタイプ

2列型　　　　　　　　U字型　　　　　　　　アイランドタイプ

●キッチンの配置型と寸法

配置型には、1列型、2列型、L字型、U字型などがあり、キッチンの広さなどによって決めます。作業空間の幅（空き）は900〜1,200mmとします。対面型となるペニンシュラタイプやアイランドタイプは、ダイニングルームと一体的な空間利用ができます。

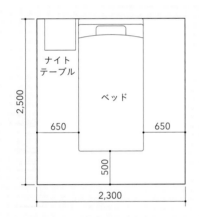

●寝室のベッド配置の単位空間

1〜2人用などさまざまなサイズがあり、シングルベッドは幅1,000mm長さ2,000mm程度です。部屋の広さによって、シングルベッド2台やクイーンサイズなどが選ばれ、ベッド脇には650mm程度の空きが必要です。

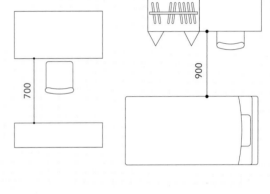

●キッズルームの単位空間

キッズルームには、ベッドのほかに、机、本棚、クロゼットなどを置きますが、単位空間として、机と本棚の空きは700mm程度、机やクロゼットとベッドの空きは、900mm程度確保しておくと良いでしょう。

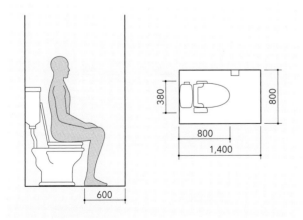

●トイレの単位空間

洋式便器を置くトイレの単位空間は、幅800mm奥行1,400mm程度です。手洗いカウンターを設置したゆとりのある空間は、幅1,250mm奥行1,650mm程度です。高齢者対応などでは、手すり等の設置も検討します。

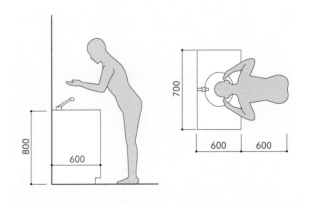

●洗面所の単位空間

洗面化粧台のほか洗濯機が置かれたり、浴室の脱衣空間を兼ねることもあります。洗面化粧台のサイズは、幅700〜1,200mm、奥行600mm程度です。タオルや洗剤のストックなどを収納するスペースも必要です。

現代のインテリア空間には、多くの家具が置かれています。それらの全ての家具に標準的な寸法があり、この寸法と動作寸法を組み合わせて、使いやすい空間を計画します。

家具寸法は、正面から見たときの、幅（W）と奥行（D）と高さ（H）の寸法からなります。椅子では座面高さ（SH）もあり、家具カタログなどでは、サイズがmm（またはcm）単位で掲載されています。収納を設計する際には、収納されるもの、例えば、単行本や雑誌、洋服（ハンガー）、パソコンやオーディオ、食器や調理器具などの寸法も調べておくと良いでしょう。

部屋ごとの家具には、リビングルームのソファやイージーチェア、テーブルなど、ダイニングルームの食卓テーブルと椅子セット、食器棚など、キッチンのシステムキッチンや冷蔵庫など、ベッド（キッズ）ルームのベッド、机、書棚、収納棚など、サニタリーの便器や洗面化粧台、バスユニットなどがあります。

家具寸法や動作のために必要な空き寸法は、実際には最小から最大までの幅があります。本書では見やすさを優先して、イラストや本文で、標準的な数値を記しています。その数値の幅については、資料や実感を通して、確認してみて下さい。

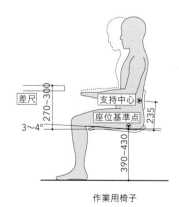

作業用椅子

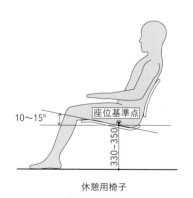

休憩用椅子

●作業用と休息用の椅子寸法〜座位基準点
人体寸法によって、座位基準点までの高さは、作業用で390〜430mm、休息用で330〜350mmです。座面と机の天板との寸法（差尺）は、270〜300mmとなります。休息用の座面には10〜15°の傾斜があります。

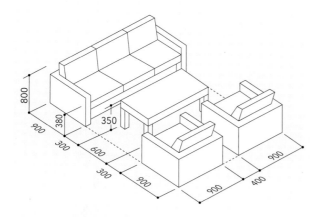

●ソファとセンターテーブル

1人掛けソファは、幅900mm奥行900mmで、座面高は350
〜400mm程度です。2人掛けで幅1,600mm、3人掛けで幅
2,300mm程度となります。テーブルの高さは350〜400mmで、
ソファと300mmほど離して置きます。

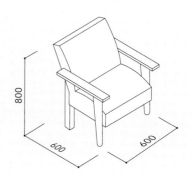

●イージーチェア

イージーチェアは1人掛け安楽椅子で、幅600mm奥行
600mmで、座面高は350〜400mmです。座面が布張りで肘
掛けに木材が使用されるなど、北欧や日本のデザインで、美しい
フォルムのものが人気です。

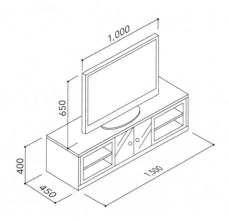

●テレビボード

リビングルームに、大型テレビが置かれる家庭が多く、ロータ
イプのボードは、幅1,500mm奥行450mm高さ400mm程
度となっています。42インチ薄型テレビは、幅1,000mm高さ
650mmくらいのサイズです。

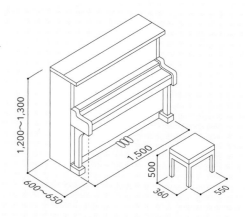

●アップライトピアノ

リビングルームにアップライトピアノを置く家庭もあります。
このピアノは、幅1,500mm奥行（鍵盤まで）650mm高さ
1,300mm程度で、椅子は、幅550mm奥行350mm高さ
500mm程度となっています。

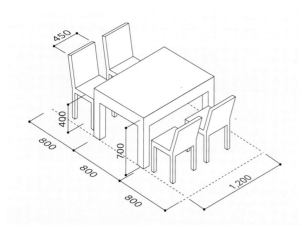

●ダイニングテーブルと椅子

ダイニングテーブルの高さは約700mmで、勉強机など作業テ
ーブルの高さは同様です。4人用テーブルは、幅1,200mm奥
行800mmで、椅子サイズは、幅450mm奥行450mm座面高
400mm程度となっています。

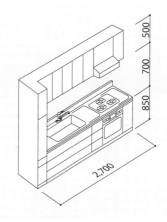

●キッチンサイズ〜間口と高さ

間口2,100〜2,700mmで、奥行650mm程度が標準です。
調理台の高さは、850〜900mmで、吊り戸棚の高さ（床から
棚底）は、1,450mmくらいが使いやすく、その場合、戸棚高は
900mmのロングサイズとなります。

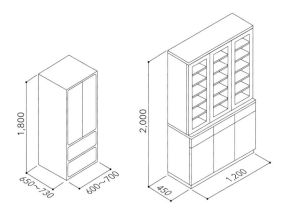

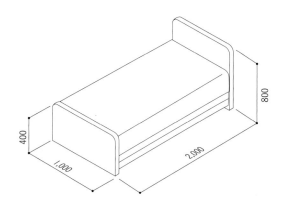

●冷蔵庫・食器棚

冷蔵庫は、幅600mm奥行700mm高さ1,800mm程度で、放熱スペースの数十mm隙間を空けて置きます。食器棚はタイプにより異なり、幅800〜1,600mm奥行450mm高さ2,000mm程度です。幅は1列の扉400mmの倍数が目安です。

●ベッド

ベッドサイズは、シングルベッドで幅1,000mm長さ2,000mm、マットまでの高さ450mmが標準で、幅によって、セミダブル1,200mm、ダブル1,400mm、クイーン1,600mm、キング1,800mmなどがあります。

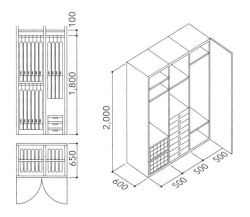

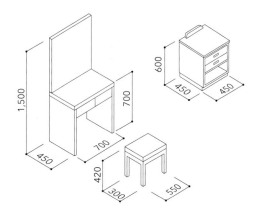

●衣類収納（クローゼット）

洋服のハンガー掛けとして、奥行650mmを確保し、開き扉幅（450mm程度）に合わせて、収納幅も900mmや1,350mmとなります。内部はハンガーパイプと、小物を収納する引き出し（やスペース）が設置されます。

●ドレッサー・ナイトテーブル

幅700mm奥行450mm高さ700mm程度の机の上に、高さ700mmくらいのミラーが付置され、三面鏡が付くものもあります。ナイトテーブルは幅450mm奥行450mm高さ500mm程度でベッド脇に置きます。

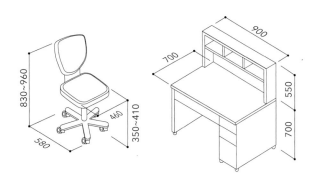

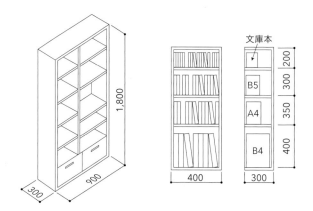

●勉強机（片袖机）と椅子

幅900mm奥行700mm高さ700mmの大きさで、机上にシステム本棚が付置するタイプもあります。椅子は通常の四脚の他、キャスター付回転椅子は、幅450mm奥行500mmで座面高350〜400mmと調整できます。

●本棚

本のサイズから奥行300mmで、幅は600〜1,200mmがあり、オープン棚が多く、扉付きもあります。本のサイズにより必要な棚の高さが異なり、文庫本で200mm、単行本250mm、雑誌350mmが標準です。

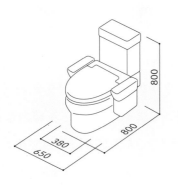

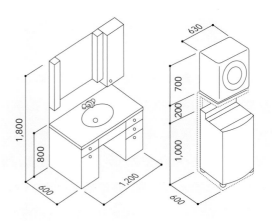

●洋式便器

図はタンクありタイプで、奥行800mm便座幅400mm最大幅650mm高さ800mm程度となっています。タンクレスでは、奥行700mm幅400mm高さ550mm程度となります。

●洗面化粧台・洗濯機

カウンターは部屋に合わせるため1,200mm程度となりますが、ユニットタイプは幅600〜900mm、奥行600mm、高さ800mm程度で、収納付きミラーもさまざまあります。洗濯機は650×650mm確保しておきます。

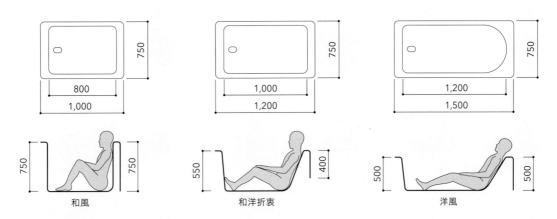

和風　　　　和洋折衷　　　　洋風

●和風・和洋折衷・洋風浴槽の寸法

浴槽には長さと深さで、和風、和洋折衷、洋風があり、現在の日本では和洋折衷が主流となっています。インテリア計画の際には、和洋折衷浴槽の幅1,200mm奥行750mmを知っておくと良いでしょう。

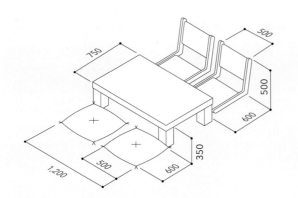

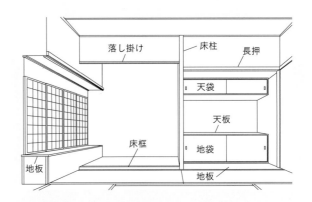

●座卓と座布団、座椅子

和室には座卓が置かれることが多く、4人用で幅1,200mm奥行750mm高さ350mm程度です。座布団は500mm角、座椅子は幅500mm奥行600mm程度となっています。

●床の間まわりの装飾

格式を持った和室には床の間が配置されます。図にあるような床柱、床框、落し掛け、天袋、地袋、地板、天板、長押などの装飾があり、伝統的には「木割り」という寸法体系で各部のサイズが決められています。

インテリアの要素は、床、壁、天井、開口部からなる「空間」と、部屋の用途に応じて置かれる椅子やテーブルなどの家具、キッチンや洗面化粧台などの住宅設備、カーペットやカーテン、照明器具、額絵や時計、置物などの雑貨、観葉植物などの「もの」があります。インテリアをデザインする際には、クライアント（顧客）のライフスタイルや好みなどに合わせて「スタイル」を設定して行うと、全体の雰囲気がまとまりやすくなります。

空間や家具などは、それぞれ「色彩」「形態」「素材」を持っています。インテリアで用いられる色彩は、白やアイボリー、ベージュ、ブラウンなどをベース（基本）カラーとして、ブルーやグリーン、イエロー、ピンク等の淡い色や鈍い色をアソート（挿入）カラーとして用い、カラフルな原色などをアクセント（強調）カラーとして使用します。形態は、直線的なデザインや曲線的なライン、人工的な形や自然の形などがあります。素材には、木材、石、ガラス、金属、皮革、繊維、プラスチックなど、さまざまなものがあります。

インテリアスタイルとして主なものには、ナチュラル、カントリー、ポップモダン、北欧モダン、クラシック、エレガント、アジアン、ジャパニーズなどがあります。それぞれ、色彩や形態、素材に特徴があるので、インテリア写真などで調べてみましょう。また、ここで紹介したもの以外にも、お気に入りのスタイルを見つけてみましょう。

●ナチュラル・スタイル

自然テイストで、天然木や木綿、麻などの素材を用い、アイボリーやベージュなど明るく優しい色彩が特徴です。白木の素材で直線的でシンプルなデザインの家具を置きます。

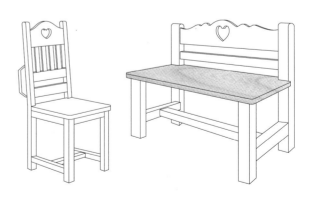

●カントリー・スタイル

素朴で温かみのあるテイストで、天然木やタイルなどの素材を用い、白やパステル調の色彩が特徴です。自然素材で手作り感のある実用的な家具を置き、パッチワークやドライフラワーなど手芸品で装飾します。

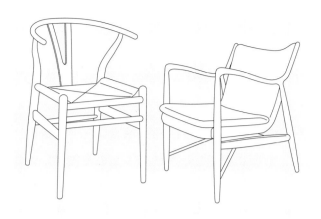

● ポップモダン・スタイル

硬く無機質で都会的なテイストで、ガラス、金属、プラスチック、合板などの素材を用い、白や黒など無彩色のほかオレンジや赤などカラフルな原色を用いることもあります。機能的でシンプルな家具を置きます。

● 北欧モダン・スタイル

自然と現代デザインが溶け合ったテイストで、天然木など自然素材を用い、淡い木目とカラフルな色調が組み合わされ、自然の形から取られたデザインが特徴です。機能的かつ柔らかな曲線を描く家具を置きます。

● クラシック・スタイル

格調高く重厚感のあるテイストで、木やカーペットなどの素材を用い、暗めの落ち着いた色彩が特徴です。壁面などにヨーロッパなどの伝統的な装飾が施され、布張りなどのアンティーク家具を置きます。

● エレガント・スタイル

ヨーロピアンデザインのうちロココ調など女性的なテイストで、白やパステルピンク、ベージュなどの色調です。猫脚のテーブルや椅子など装飾的で優美なデザインの家具を置きます。

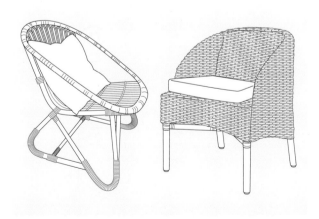

● アジアン・スタイル

東南アジアのリゾートテイストで、竹や藤などの自然素材やアイアン（鉄）を用い、濃いブラウンに赤などの原色を組み合わせた色彩が特徴です。竹や藤で編み込まれた民芸調の家具に南国の花などを飾ります。

● ジャパニーズ・スタイル

現代的な和風テイストで、竹、木、和紙などの自然素材を用い、濃いブラウンに白などコントラストのある色彩が特徴です。古民家スタイルでは柱や梁などを見せ、板張りの床では座面の低い椅子などを置きます。

リビングルームにおける集いのスタイルは、壁際に
ソファを置いて、ローテーブルを囲むスタイルが多く
見られます。ソファセットを置く場合、3〜4人掛けと
してL字型に配置した方が、テレビの配置がしやす
くなります。テレビの設置は、窓と重ならない位置に
計画します。

ソファの配置を検討するときには、平面図上で並べ
るだけでなく、そこに座ったときの視線として、部屋
をどのように見渡すかも重要なポイントです。ダイニ
ングやキッチンとワンルームになっている場合、キッ
チン等にいる家族の方向に視線を向くようにソファ
を置いて、一体感を作り出すことができます。逆に、
ダイニングに背を向けて、窓を通して庭の方向へ視

線を向けると、一つの部屋の中でも、リビングコーナ
ーとして、ダイニングと緩やかに区切ることもできま
す。部屋の広さに余裕があれば、家族の好みによっ
て個性的なデザインのイージーチェアを置くのも良
いでしょう。

美しく快適な空間デザインとして、あまり多くの家具
を詰め込まないで、観葉植物を置いたり、壁面に
額絵や時計などでディスプレイすることで、家族らし
さを表現しましょう。リビングルームの照明計画とし
ては、天井の全体照明だけでなく、ダウンライトやフ
ロアスタンドなど部分照明も取り入れ、温かい電球
色の照明で、くつろぎ感を演出するのも良いでしょう。

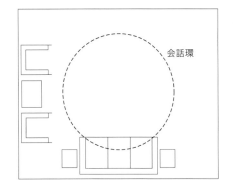

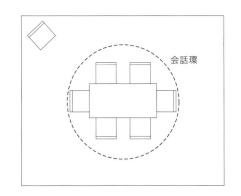

●集いのスタイル

ソファをL字型などに置き、中央部を広く空ける会話スタイルと、
中央にテーブル置いて周りを椅子で囲む会話スタイルがあります。
リビングでは前者でくつろぎを優先し、ダイニングでは後者で食
事を楽しみます。

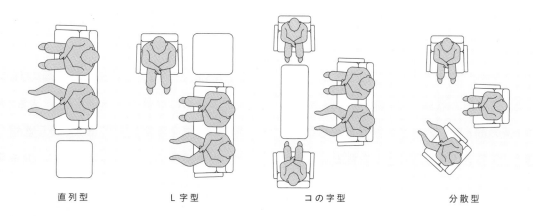

直列型　　　　　L字型　　　　　コの字型　　　　　分散型

●ソファの配置型

リビングのソファの配置には、2人が横に並ぶ直列型、2人掛け
＋1人掛けのL字型、2人掛け＋1人掛け2脚のコの字型、1人
掛けのみの分散型があります。リビングルームの広さや形に応じ
て選びます。

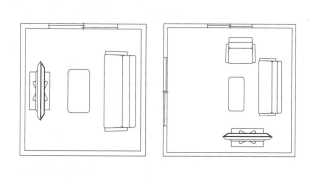

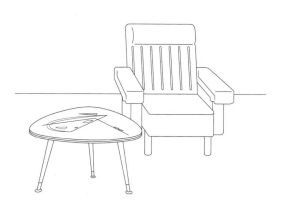

●窓とテレビの関係

リビングルームにテレビがある場合、窓と重ならないよう壁面に
置きます。掃き出し窓の出入りとソファも重ならないようにする
必要があるため、くつろぎと落ち着きを最優先して配置を考えま
しょう。

●ソファサイドのローテーブル

ソファに囲まれた中央に大きめのローテーブルを置くことがよく
ありますが、手の届くソファサイドにテーブルを置くことによって、
ティーカップや読みかけの本を置くなど、便利に使うことができ
ます。

●カウチソファやデイベッド

デイベッドとは寝椅子のことで、お昼寝にも、実際のベッドとして
も使えます。個性的なデザインのデイベッドを置くことで、リビン
グルームやワンルームに生活感を出さず、リラックスできる空間
が作れます。

●フロアスタンド（間接照明）

リビングルームの照明は全体を明るくするシーリングライトだけ
でなく、ダウンライトやソファ横のフロアスタンドなどの間接照
明を取り入れて、落ち着いた雰囲気を演出しましょう。

食事の場であるダイニングルームには、ダイニングテーブルとチェアが置かれます。戦前までの日本の住まいでは、茶の間と呼ばれる畳の部屋に小さなちゃぶ台を置き、家族みんなで取り囲んで食事をする光景が当たり前でした。

洋風化が進み、食事室という空間が生まれましたが、独立した食事室（ダイニングルーム）を確保する住宅はそれほど多くなく、キッチンと一体となったダイニングキッチンや、リビングルームと一体となったリビングダイニングという形式が多く見られます。ダイニングテーブルでは、食事中の団らんのほかにも、広いテーブルを利用したデスクワークの家事や、子どもの勉強スペースとして活用されることもあります。

ここでは、ダイニングルームの計画のために、食事をするために必要なスペースから、人数分のテーブルの大きさを算定します。また、椅子を引くスペースや、人が椅子の後ろを通るスペースなども考慮して、ダイニング空間を計画します。

4人掛けの四角いテーブルのサイズは、だいたい1,200mm×800mmで、人が座ったり通ったりするスペースを加えると、1,800mm×2,400mmくらいになります。

キッチンで立って作業する人と、テーブルの椅子に座る人の視線の高さの関係を検討して、キッチンの床を下げたり、カウンターテーブルとして高めの椅子にすることもあります。

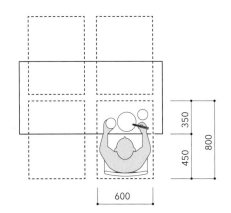

●1人あたりの食事スペース

1人が食事をするためのテーブルのスペースは、幅600mm、奥行350mm程度です。それに座るためのスペースとして、幅600mm奥行450mmを加えます。2人用なら対面に、4人用なら横に広げます。

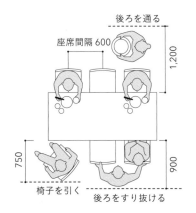

●ダイニングテーブル周りの寸法

テーブルの配置を検討する際、テーブルと椅子のサイズだけでなく、座る際に椅子を引いたり（700mm）、座っている人の後ろを通るためのスペース（900〜1,200mm）を考慮して、計画しましょう。

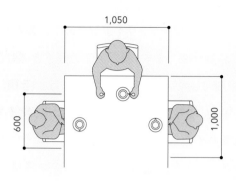

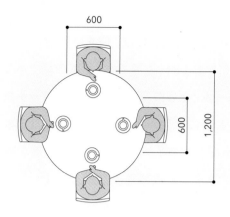

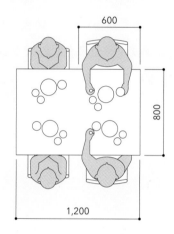

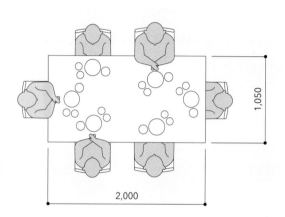

● 人数とテーブルサイズ

3人掛けは1,000mm角で、4人掛け丸テーブルは直径1,200mm、着座スペースを含むと2,400mm程度となります。4人掛け四角テーブルは1,200mm×800mm、6人掛け四角テーブルは2,000mm×1,000mm程度です。

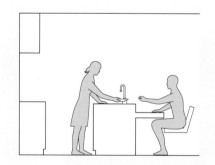

高さの差をそのままに

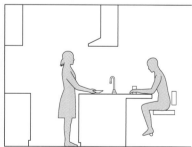

テーブルを高く、ハイチェアにする

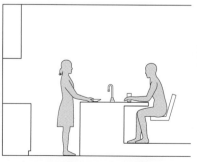

キッチン床を低くする

● キッチンカウンターとテーブルの高さ

キッチンで作業する人の目線（1,500mm）とテーブルに座る人の目線（1,200mm）には約300mmの差があり、カウンターとテーブルの高さを揃えて、キッチンの床を下げるか、ハイチェアにして高低差を解消します。

家族のコミュニケーションには、住まいにおける食空間を大切にすることは重要です。食事の場であるダイニングルームとともに、調理空間であるキッチンは豊かな食生活には欠かせません。かつての日本の台所は、土間やかまどがあり、水や火と密接な空間で、味噌や漬物の貯蔵場所でもありました。

現代のキッチンでは、家事動線や調理作業によってレイアウトを設定して、熱や光、音、空気などの室内環境、色や素材などのデザインを計画していきます。時代の流れとして、キッチン設備の電化や中食の普及などにより調理が簡略化され、独立したキッチン空間は少なくなっています。

調理作業においては、冷蔵庫、シンク、コンロを頂点とした「ワークトライアングル」の長さを適切にする必要があります。長すぎても短すぎても使いにくくなります。キッチンのレイアウトには、1列型、2列型、L字型、U字型などがあり、壁から突き出たペニンシュラタイプや、部屋の中央に島のように置くアイランドタイプもあり、キッチンの広さや調理スタイルによって、どのレイアウトにするかを検討します。

キッチンには、さまざまな食器や調理道具、保存食品など数多くあるため、収納計画を考えて、使いやすくしておく必要があります。貴重な食器やグラスなどを飾るための「見せる」食器棚や、パントリーという「隠す」収納スペースもあります。

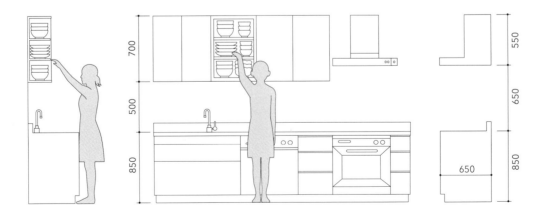

● キッチンの高さ寸法
ワークトップ高さは850mm程度、奥行は650mm程度です。ウォールキャビネット下端は500mm空きをとって設置します。キャビネット高さは700〜1,000mmなどがあり、レンジフードは650mm程度空けます。

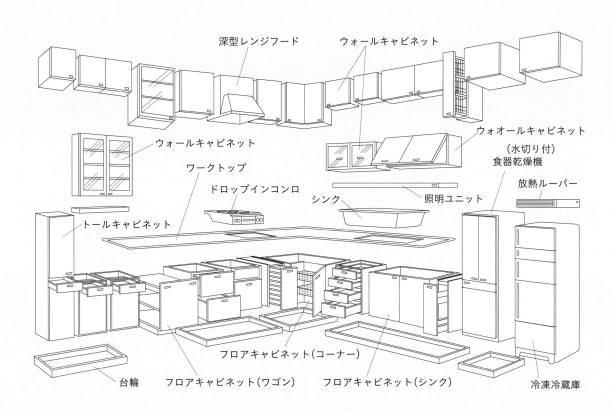

深型レンジフード　　ウォールキャビネット

ウォールキャビネット

ワークトップ

ドロップインコンロ

シンク　　　　　照明ユニット

ウォオールキャビネット
（水切り付）
食器乾燥機

放熱ルーパー

トールキャビネット

台輪　　フロアキャビネット（ワゴン）　　フロアキャビネット（シンク）

フロアキャビネット（コーナー）

冷凍冷蔵庫

システムキッチンの部品構成

● **システムキッチンのパーツ名称**

ワークトップ下には、フロアキャビネット、台輪を置き、壁には
ウォールキャビネットやトールキャビネット、レンジフードを設置し、
加熱調理機器や食器洗浄乾燥機、冷凍冷蔵庫などを組み合わ
せます。

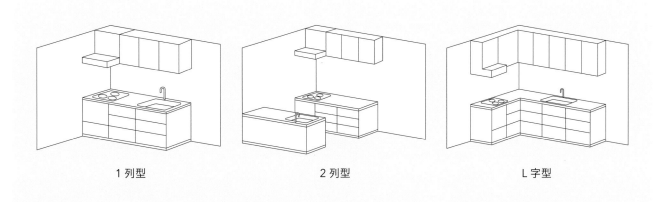

１列型　　　　　　　　　　２列型　　　　　　　　　　Ｌ字型

● **キッチンレイアウト型**

レイアウトには、１列型、２列型、Ｌ字型などがあり、作業動線の
長さが変わります。シンクとコンロを振り分けて、作業スペースの
幅は、900〜1,200mm程度にすると作業しやすくなります。

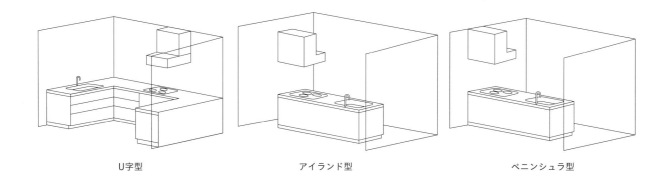

U字型   アイランド型   ペニンシュラ型

●キッチンレイアウト型

他にもU字型、アイランド型のレイアウトがあります。U字型は、
大家族向きで広いキッチン面積が必要となります。アイランド型
は島のように部屋の中央に置き、ホームパーティなど大人数で
調理が楽しめます。

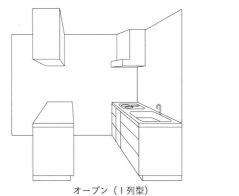

オープン（1列型）   オープン（2列型）

●オープンタイプのキッチン

ダイニングルームと空間が繋がり、対面型のペニンシュラ（半島）
タイプと呼ばれます。シンクやコンロを対面する場合や、カウン
ター（配膳スペース）を対面する場合など、さまざまなスタイルが
あります。

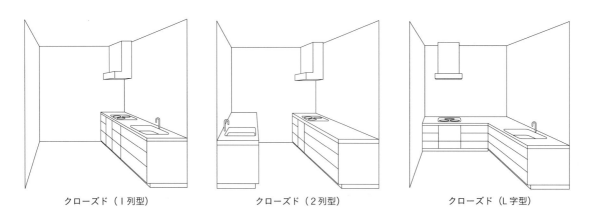

クローズド（1列型）   クローズド（2列型）   クローズド（L字型）

●クローズドタイプのキッチン

キッチンをダイニングルームと分けて独立させたタイプで、調理
空間の作業性が高まります。ダイニングやリビングに、煙や臭気、
音が漏れない利点がありますが、家族とのコミュニケーション性
が低くなります。

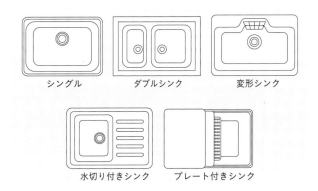

シングル　　　ダブルシンク　　　変形シンク

水切り付きシンク　　　プレート付きシンク

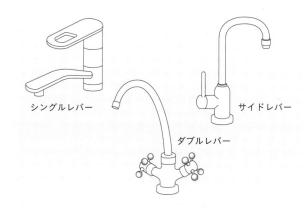

シングルレバー　　　サイドレバー

ダブルレバー

● シンクのタイプ

1槽のシングル、2槽のダブル、大きな鍋が洗える変形シンク等があり、材質はステンレスやホーロー、人工大理石があります。水切りカゴが置けたり、プレートを移動して作業スペースになるタイプもあります。

● キッチン水栓

ワークトップに取り付けるタイプが主流で、シングルレバーは、一つのレバーで水量と水温を調節できます。シンクを広く使えるよう蛇口が高い水栓や、センサー付きのもの、シャワーヘッドの水栓もあります。

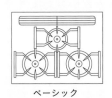

ベーシック

4口クックトップ

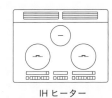

IHヒーター

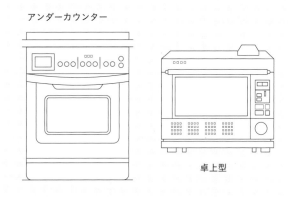

アンダーカウンター

卓上型

● 加熱調理機器

コンロはガス式とIH式があり、組み合わさったものもあります。ガス式には火力が異なる3口、4口があります。IHは表面がフラットで手入れが楽ですが、IH対応型の鍋やフライパンが必要です。

● オーブンレンジ

オーブンレンジもキッチンの必需設備となっていますが、大型でワークトップ下にビルトインできるタイプと、従来の卓上タイプがあります。また、オーブンは電気式とガス式の二つがあります。

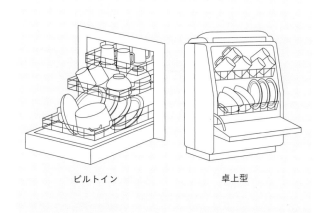

ビルトイン　　　卓上型

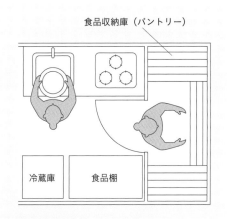

食品収納庫（パントリー）

冷蔵庫　　食品棚

● 食器洗浄乾燥機

海外では、食器の形状が限られていることなどより食器洗浄乾燥機が普及していますが、ビルトインタイプは、ワークトップがスッキリするので日本でも採用されています。後置きの場合は卓上タイプとなります。

● パントリー（食品庫）

キッチンにはさまざまな調理道具や食器、食品などがあり、限られたキャビネットスペースに収納し、空間を美しく保つことは大変です。扉付きのパントリーの中のオープン棚に収納することで解決します。

025

住まいのパブリックゾーンとして、リビングルーム（L）とダイニングルーム（D）、キッチン（K）は隣接して計画されます。全体の広さとも関係しますが、それぞれ独立させるプラン、リビングルームとダイニングルームを1室としてキッチンを分けるプラン、キッチンとダイニングルームを1室としてリビングルームを分けるプラン、全てを1室とするプランがあります。

独立型キッチンは、大型冷蔵庫やさまざまな調理機器を配置して、作業効率を優先しています。煙や臭気がダイニングやリビングに漏れない利点がありますが、調理作業中の家族のコミュニケーションがとりにくくなります。

ダイニングキッチンは、歴史的には1951年の公営住宅の51C型という標準設計の間取りから生まれました。食べる場所と寝る場所を分ける食寝分離という考え方に基づき、比較的狭い住宅でも採用できます。調理の音や臭気は避けられませんが、家族が協力して調理や後片付けがしやすい利点があります。

全てを1室にしたリビングダイニングキッチンは、団らん、食事、調理をワンルームにまとめており、部屋を見渡せて広がりを感じることができます。しかし、ダイニングテーブルの周辺が通行の多いスペースになると、落ち着かない空間になるため、レイアウトを十分に検討する必要があります。

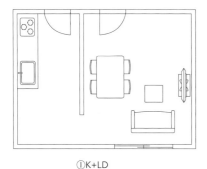

①K+LD

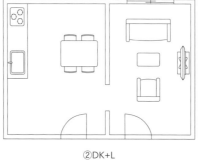

②DK+L

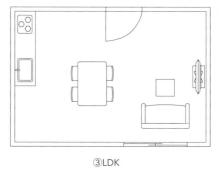

③LDK

●L・D・Kの組み合わせ
①独立キッチンにダイニング・リビング、②ダイニング・キッチンと独立したリビング、③キッチン・ダイニング・リビングをワンルーム等のタイプがあり、部屋の広さや家族構成、暮らし方などで選択します。

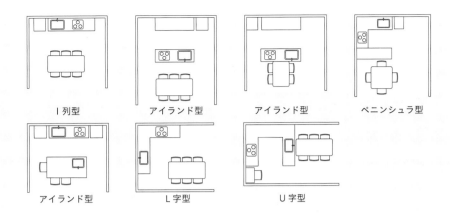

I 列型　　アイランド型　　アイランド型　　ペニンシュラ型

アイランド型　　L 字型　　U 字型

●キッチンレイアウトとダイニングテーブル

さまざまなキッチンレイアウトとテーブルを組み合わせることが
できます。I 列型やL字型キッチンを壁に面して部屋の中央にテ
ーブルを置いたり、キッチンやカウンターを対面にしてテーブル
をつけたりします。

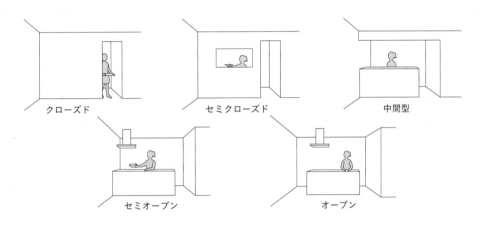

クローズド　　　セミクローズド　　　中間型

セミオープン　　　　オープン

●クローズドキッチンとオープンキッチン

キッチンとダイニングルームの壁の量で、完全なクローズドにし
たり、全ての壁をなくして完全なオープンキッチンにもできます。
クローズドとオープンの中間には、小さなハッチを開けたり、セミ
オープンなスタイルもあります。

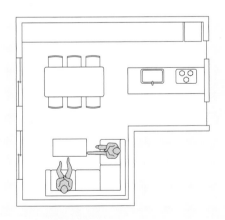

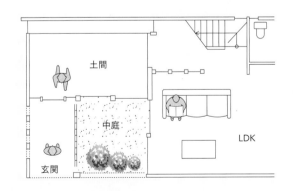

土間

中庭

玄関

LDK

●LDKにおける落ち着きの演出

LDKをワンルームにする場合、それぞれのエリアに落ち着きを
持たせることが大切です。動線を短くして、壁をうまく活用し、壁
を背に座って、目線は広い空間を見通したり、変化をつけると広
がりを感じます。

●LDKと中庭空間

LDK空間に更に広がりを持たせるには、半屋外空間である中庭
を隣接させることは有効です。広い土間空間と中庭をつなげる
と空間にゆとりを感じさせ、第二のリビングルームとしての活用
も可能となります。

ベッドルームは寝室のことですが、ここでは、夫婦のための主寝室として考えます。基本的には、ベッドを置いて就寝する空間であるため、ベッドのサイズとスタイルを決めます。ベッドには、幅の大小で、シングル、セミダブル、ダブル、クイーン、キングなどのサイズがあります。夫婦寝室の場合、好みでシングル2台かダブル1台かを選びます。

ベッド周りは、ベッドメイキングや着替えのためのスペースがあれば十分です。クローゼット前の着替えスペースとしては、折れ戸の場合、ベッドとの間に600mm程度空けておきましょう。部屋の広さに余裕がある場合は、ソファやテーブルを置いたり、書斎コーナーなどを隣接したりします。衣服を多く保有

していると少ない収納スペースでは収まりきらないので、ウォークインクローゼットを設えることも必要となります。女性のためには、大きな鏡と使いやすい化粧スペースもほしいところです。

夜間の就寝前の時間を豊かに過ごすために、照明計画も重要となります。ダウンライトやフロアスタンド、テーブルスタンド、ブラケットライト（壁灯）などを活用し、シーリングライトによる全体照明だけでなく、間接照明を取り入れて、空間に陰影をつけることで、落ち着いた雰囲気を演出することができます。住宅全体の広さに余裕があれば、専用のトイレやシャワー室などを設けても良いでしょう。

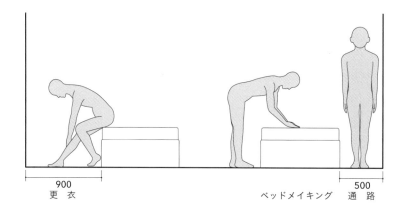

900
更　衣

ベッドメイキング

500
通　路

●ベッド周りの動作空間

寝室では、ベッドを中心に単位空間を検討します。ベッドメイキングのスペースや、ベッド脇の通行スペース（500mm）、更衣スペース（900mm）などを組み合わせます。

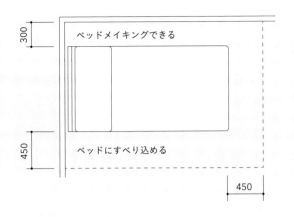

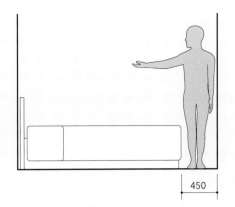

●ベッド周りの空きスペース

ベッドと壁の空きスペースとして、ベッドメイキングには300mm
程度の空きを要し、通行のためには500mm程度あれば十分
です。ベッドは床から500mm程度しかないため、多少狭いスペ
ースでも通行が可能です。

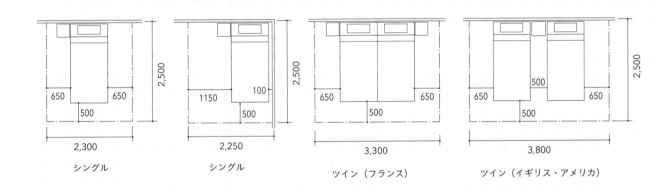

| シングル | シングル | ツイン（フランス） | ツイン（イギリス・アメリカ） |

●ベッドの配置スタイルと空きスペース

シングルベッドを置くには、幅2,300mm奥行2,500mmの空間
で、ベッドの周囲に必要なスペースが取れます。ツイン（ベッドを
接する）では幅3,300mm、同（ベッドを離す）では幅3,800mm
が必要です。

●スッキリしたベッドルーム

ベッドルームのインテリア計画では、床に家具類を置かない方が、
スッキリして安らぎの空間を演出できます。ヘッドボード側の壁
に絵を掛けたり、壁紙をアレンジすることで個性を表現するのも
良いでしょう。

●書斎コーナー

ベッドルームの一角に、机と本棚を組み合わせた書斎コーナー
を計画することもあります。やや奥まった小さなコーナーは居心
地がよく、読書や仕事のほか趣味スペースとしても活用できるで
しょう。

2-7 キッズルーム

キッズルームといっても、親と同居している子どものための空間として、幼児から小・中学生、高校・大学生では、求められる機能が大きく異なります。ここでは、幼児から小・中学生くらいの子どもを対象としてキッズルームを考えます。

キッズルームは、日本では4畳半や6畳など小さな部屋が多く、そこにベッド、勉強机、本棚、衣類収納ほかの多くの家具類が置かれています。本書でも示したように、ベッドの下を机や収納にしたり、ロフトを設けるなど、立体的な空間利用をするのは、広さを確保するのに有効となります。

子ども1人の部屋であれば、シングルベッドを置きますが、幼少の子どもの2人部屋などでは、2段ベッ

ドとなるでしょう。そのベッドを中心に、勉強机や本棚、衣類収納など、動作がしやすいよう適切な空き寸法をとる必要があります。2人以上の子どもの場合、成長とともに、部屋を仕切る工夫などして、個室として分ける必要が生じます。

現代のキッズルームには、上記の家具類のほかに、テレビやパソコン、ゲーム機など、子どもが一人で楽しむ機器が増えています。各家庭における子どもへの対応は異なりますが、子どもが部屋から出なくても快適に暮らせる環境は、家族のコミュニケーションの希薄化を招く恐れもあるため、子どもの生活ルールも確認しておきたいものです。

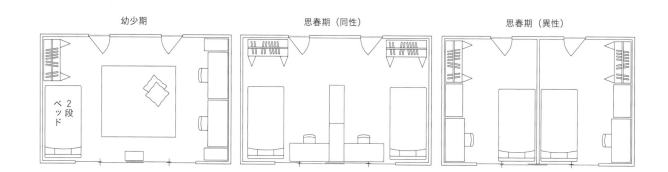

幼少期　　　　　　　　思春期（同性）　　　　　　　　思春期（異性）

●幼少期から思春期の部屋の使い方

子どもが幼少児期には完全な個室にしなくても、兄弟姉妹で一つの部屋で一緒に学びながら過ごすことを想定し、成長して思春期になると、自立を促すために個室にできるような計画も良いでしょう。

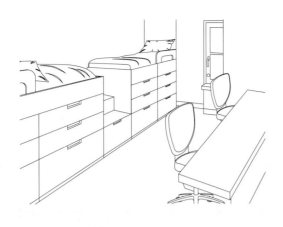

●ベッド下を利用した収納スペース

キッズルームの空間を有効活用するには、ベッドの高さを1mくらいの高めにして、その下を衣類収納や、大きなものを収納できるスペースにしておきます。システムベッドやオリジナル制作も検討します。

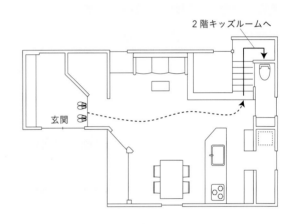

2階キッズルームへ

玄関

●ベッド下を利用した学習コーナー

ベッドの高さをさらに1.8mくらいにして、その下に学習机を配置するなど学習コーナーにすることもできます。暗くならないよう光が差し込むデザインとして、落ち着いて学習できる雰囲気も必要です。

●キッズルームへの動線

子どもが外出や帰宅の際に、家族と顔を合わせて、声掛けできるように、玄関からキッズルームの動線は、リビングルームなど家族の居場所を通らなければならないプランが良いでしょう。

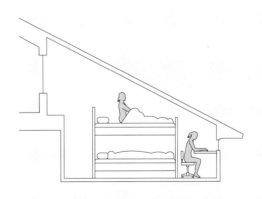

●高さを利用したキッズ空間

子どもは高い場所などが好きなので、屋根裏空間などを活用して、広さはなくても、高さに変化のある空間にすると良いでしょう。ロフトベッドや遊び場は、子どもの感性を高めるでしょう。

サニタリーとは「衛生的な」という意味で、住まいでは、トイレ、洗面室、浴室など水回りスペースのことをいいます。ユーティリティと呼ばれる洗濯や家事コーナーが含まれることがあります。

トイレには、高機能の洋式便器や手洗い器が設置され、スペースに余裕があれば、手洗いカウンターが設けられ、ちょっとしたディスプレイコーナーになることもあります。ユニバーサルデザイン（高齢者だけでなく、誰もが使いやすい）として、手すりを取り付けますが、身体を上下する動作や座位を保持する姿勢によって、手すり位置を決めます。

洗面室には、洗面化粧台や洗面カウンターが設置されます。洗面ボウルや収納、ミラーなどさまざまなデザインのものがメーカーから提供されています。脱衣室を兼ねることも多いために、衛生用品やタオル、着替えなど収納スペースも十分に確保します。

浴室は、メーカーから提供されるユニットバス（浴室全体が一体化）のほかにも、ヒノキやホーローの浴槽を設置し、壁や天井を現場で施工するタイプもあります。浴槽には和洋折衷タイプなどサイズによって種類があり、広さに余裕があれば洗い場の広いタイプもあります。浴室では転倒や溺死などの事故が発生する危険があるため、滑りにくい床材や手すりの設置、洗面室とともに浴室暖房などを導入することも検討しましょう。

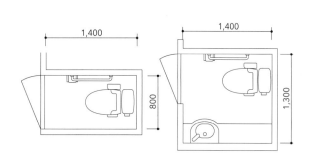

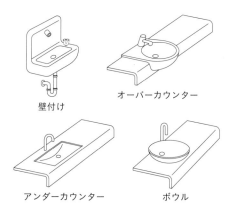

壁付け

オーバーカウンター

アンダーカウンター

ボウル

●トイレの広さ

洋式便器を置くトイレ空間は、幅800mm奥行1,400mm程度あれば十分です。手洗いカウンターを設置する場合は幅1,300mm程度にすれば余裕があります。部屋が狭い場合には壁面埋込型の手洗い器などもあります。

●トイレの手洗い器

トイレの手洗い器にはいくつかのタイプがあり、最も小さな壁付け型のほか、カウンターには、ボウルをかぶせたもの、下に組み込んだもの、陶磁器やガラスなどをカウンター上に乗せたものなどがあります。カウンターは簡易な手すり代わりにもなります。

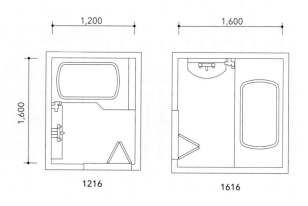

1216

1616

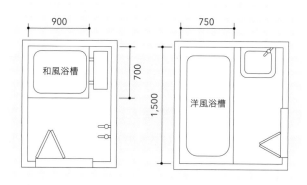

900

700

750

1,500

和風浴槽

洋風浴槽

●浴室の単位空間

浴室空間が一体となったユニットバスは、主なサイズで1216
（0.75坪タイプ）や1616（1坪タイプ）などがあります。1216タ
イプの浴室内寸は、1,200mm×1,600mmで、和洋折衷浴槽が
設置されており、1人での入浴では十分な広さです。

●和風浴槽と洋風浴槽

最もポピュラーな和洋折衷浴槽の他にも、幅900mm奥行
700mmのコンパクトな和風浴槽、幅1,500mm奥行750mm
のゆったりした洋風浴槽など、浴室の広さに応じた浴槽があり、
住宅の広さや好みによって選びます。

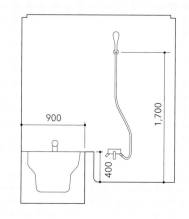

900

1,700

400

●バスルームの高さ寸法

浴室の洗い場から高さ400mm程度のエプロンをまたいで入る
浴槽の深さは600mm程度です。シャワーフックの浴室床から
の高さは、座って洗体するための1,000mm、立ってシャワーす
るための1,700mmにあります。

●洗い場の椅子とカウンター

床に洗面器を置く場合の、椅子の高さは200mmくらいですが、
バスカウンター（高さが300mmくらい）がある場合は、椅子の
高さは300mm程度にします。椅子を350mmの高さにすると
立ち座りしやすくなります。

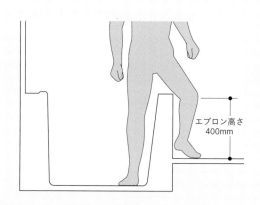

エプロン高さ
400mm

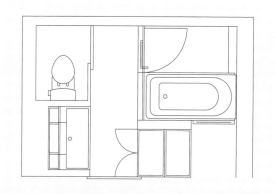

●出入りしやすいエプロン高さ

浴槽（中の深さ600mm）の立ち上がりはエプロンと呼ばれ、こ
れをまたいで浴槽に入るのですが、片足立ちとなるために不安
定な姿勢になります。洗い場からのエプロン高さは400mm程
度にして、適切な位置に手すりをつけると良いでしょう。

●コンパクトなサニタリースペース

トイレ、洗面所、浴室のサニタリースペースをコンパクトにまとめ
ると空間が有効活用されます。図では、トイレへの通路と兼用して、
洗面・脱衣スペースを広くとった事例です。浴室に窓を取ってい
ますが、入浴中も気持ちよく、乾燥を保つにも有効です。

床は、建物内の人やモノを支えており、歩行や強度の安全性が重要です。床の構法としては、木造などの梁などの上に、大引や根太と呼ばれる床組みを構成して、床材を仕上げるものと、土間コンクリートや鉄筋コンクリート造の床スラブなど平らな面の上に、床材を仕上げるものに大別されます。構造の下地については、工事中しか直接見ることができないので、なかなか理解をすることは難しいと思います。本書や他の専門書の図や写真によって、およその形を確認しておきましょう。

インテリアデザインとしては、各部屋の用途などによって決められる床の仕上げ材について、その種類を知っておきましょう。主な床の仕上げ材としては、木質フローリング、カーペット、畳、タイル、石、プラスチックタイル、塩ビシートなどがあります。

木質系の床材には、縁甲板、フローリングボード、フローリングブロックなどの形状があり、一つの木から切り出した無垢材のほか、数種の材を貼り合わせた化粧合板などもあります。無垢材は、風合いがあり、化学物質を含まない自然素材としても人気があります。材種も、杉、松、ナラ、ヒノキ、サクラ、クリ、カバなど多様なものがあり、ウレタン塗装などで表面を着色して仕上げます。フローリングと家具の材種、塗装色は、できるだけ合わせた方が調和の取れた空間イメージになります。

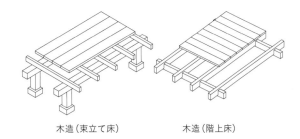

木造（束立て床）　　　　木造（階上床）

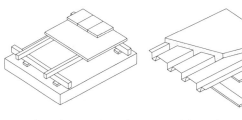

RC造（スラブ＋ころばし大引）　鉄骨造（梁＋デッキプレート＋軽量コンクリート）

●床の構法（下地）木造

床の構法（下地）は、木造とコンクリート（RC）造、鉄骨造などによって異なります。木造の1階床では地面から束立てして大引、根太という部材の上に床板を張ります。2階では梁に根太を置き床板を張ります。

●床の構法（下地）コンクリート造・鉄骨造

コンクリート（RC）造、鉄骨造の床の構法（下地）は、コンクリートスラブまたはデッキプレートに軽量コンクリートで作られた床面に、大引、根太を置いて床板を張ります。石やタイル、プラスチック系の床材は、コンクリートスラブ等に直接、施工します。

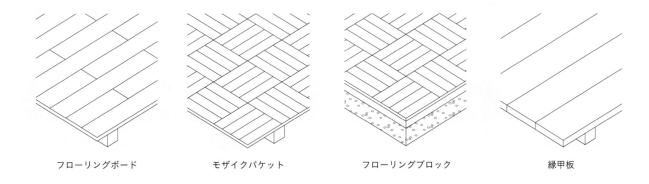

フローリングボード　　　モザイクパケット　　　フローリングブロック　　　縁甲板

●床仕上げ材（木質系）
木質系の床仕上げ材には、フローリングボード、モザイクパケット、フローリングブロック、縁甲板などがあります。建材メーカーのカタログやショールームで実物を確かめてみましょう。

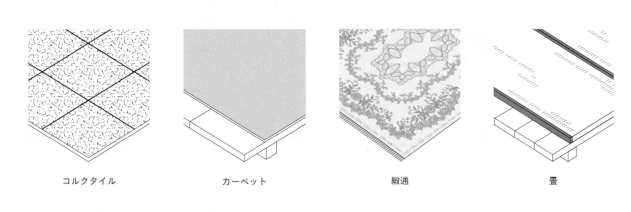

コルクタイル　　　カーペット　　　緞通　　　畳

●床仕上げ材（コルク、カーペット、畳）
植物・繊維系の床仕上げ材には、コルク、カーペット、畳などがあります。カーペットは部屋全体に敷き詰める場合や、ソファ周りなど部分敷きすることがあります。畳も、洋室に部分的に置いて畳コーナーにするタイプもあります。

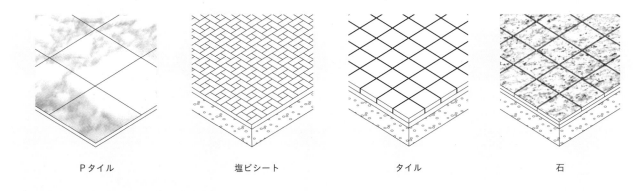

Ｐタイル　　　塩ビシート　　　タイル　　　石

●床仕上げ材（プラスチック系、タイル、石）
プラスチック系の床仕上げ材には、カラフルで水に強いＰタイルがあり、トイレや洗面所の床などに用いられ、他に塩ビシートなどがあります。タイルや石材は、玄関やテラスのほか、現代風土間など半屋外イメージの空間に用いられます。

3-2 壁の構法

壁には、屋外に面した外壁と、室内の内壁があります。内壁の役割は、部屋の間仕切りとして、視線の遮断や遮音があり、キッチンや浴室の壁は、耐火性や耐水性が求められます。

壁の構法としては、鉄筋コンクリート造の場合は、コンクリートの構造体をそのまま下地として、石やタイルを貼ったり、そのまま打ち放しとして仕上げとします。木造や鉄骨造の場合は、木材や鉄材で下地を組んで壁面をつくるか、板材やパネルを張って壁面をつくります。

内壁の仕上げとしては、クロス貼りが多く、タイル貼りや板張り仕上げ、じゅらくや珪藻土、漆喰（しっくい）などの塗り仕上げもあります。壁の最下部（床と接するところ）には、壁の保護のために幅木という50～80mm程度の横木を取り付けます。

木造在来住宅の壁には、真壁造りと大壁造りがあります。真壁造りは、柱や梁などの軸組をそのまま見せて壁を仕上げる和室などに用いられ、大壁造りは、内部の下地を覆い隠して仕上げる洋室などに用いられます。

室内環境を快適にするために、外部に接する壁の内部には断熱材が挿入されています。一般的にはグラスウールや発泡プラスチックなどが用いられていますが、隙間なくきちんと施工しないと効果的ではありません。

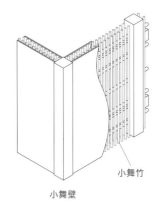

小舞壁

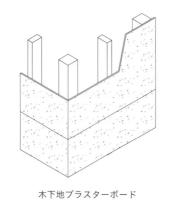

木下地プラスターボード

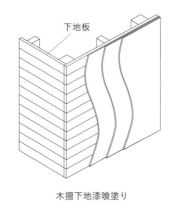

下地板

木摺下地漆喰塗り

● 壁構法（木造下地）と仕上げ材

木造の壁構法（下地）には、細割りの竹を組んで土壁で仕上げる小舞壁の他に、プラスターボード張りや木摺などがあります。現在の室内空間は、これらの湿式工法（左官壁）が減少し、乾式工法のプラスターボード下地にクロス貼りが多く見られます。

（図中）小舞竹

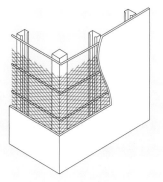

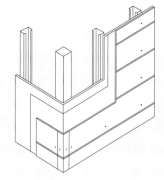

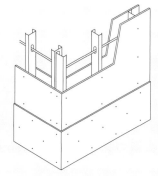

| ラスシートモルタル塗り | 軽量鉄骨下地セメント成形板 | 鋼製下地プラスターボード |

●壁構法（鉄骨造下地）と仕上げ材

鉄骨造の壁構法（下地）には、鉄骨にラスシートと呼ばれる金網を張り、モルタル塗りとするものの他、セメント成形板やプラスターボードを張って下地とするものがあります。室内空間では、仕上げとして、クロス貼りや漆喰塗りなどがあります。

はつり仕上げ　　打放し

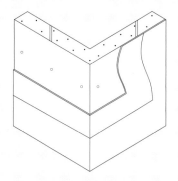

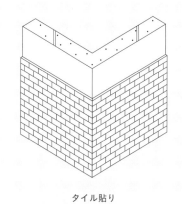

| 打放しコンクリート | 均しモルタルプラスター | タイル貼り |

●壁構法（鉄筋コンクリート造下地）と仕上げ材

RC造の壁構法（下地）は、構造の鉄筋コンクリートです。仕上げは、そのまま打放しにする、表面をはつる（ザラザラにする）、モルタルプラスターを塗る、タイルや石を貼る、などがあります。室内では、プラスターボードにクロス貼りとすることもあります。

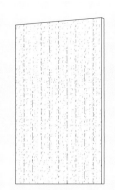

| 天然木化粧合板 | 化粧石膏ボード | クロス | 石 |

●その他の壁仕上げ材

室内壁の仕上げ材として、他にも、天然木の化粧合板、化粧石膏ボード、石貼りなどがあります。一般の住宅では、白色エンボス加工（表面に凹凸）のビニールクロス貼りが多く見られます。近頃は、珪藻土や漆喰などの自然素材の塗り壁も人気です。

天井は部屋の上部の面ですが、昔の日本の木造建築では、屋根裏や上階の床裏がそのまま見えており、現在のような天井は張っていませんでした。現在でも、民家カフェなどで見られるように、梁などの架構部材や、屋根を構成する垂木や野地板を、そのまま仕上げとする化粧屋根裏もあります。

一般的な天井としては、木造建築では、上部の架構部材から、角材や板で構成した天井面を吊り下げています。鉄骨造でも金属の部材で同様の構法で天井面を吊り下げます。鉄筋コンクリート造の場合は、上階がスラブと呼ばれるコンクリートの板状の床でできているので、天井面を吊り下げるほか、直にスラブに塗装して天井とする場合があります。

天井面の仕上げには「張り」と「塗り」があります。「張り」天井では、杉などの美しい木板のほか、化粧合板、石こうボード、金属板、クロスなどを張り、「塗り」天井では、左官工事で、漆喰(しっくい)、プラスター(石膏)、セメントモルタル、ペイントなどを塗って仕上げます。

天井の高さも、変化をつけて、うまくデザインすると、高く開放的な吹き抜け空間や、低く落ち着いた空間をつくることができます。

天井の形状には平天井のほかに、竿縁天井、舟底天井、格天井、折上げ格天井、組入れ格天井など装飾的なものもあり、漆喰天井では、繰形などで装飾することもあります。

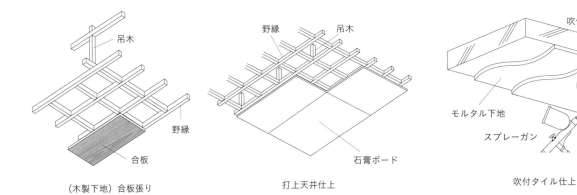

(木製下地)合板張り　　打上天井仕上　　吹付タイル仕上

●天井構法(木造と鉄筋コンクリート造)と仕上げ材

天井の構法(下地)も、構造などによって異なります。木造や鉄骨造では、梁から吊木で吊った格子上の野縁に、化粧合板や石膏ボード等を張ります。RC造では、スラブ板にモルタルなどで直接仕上げたりします。

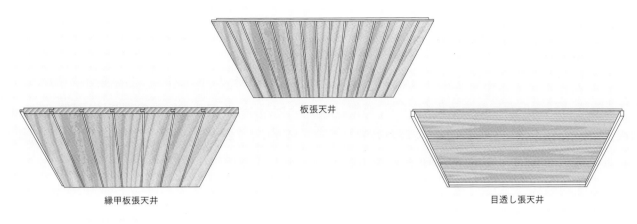

板張天井

縁甲板張天井

目透し張天井

●天井仕上げ材（木質系）

木質系の仕上げ材は、和室の天井などに使われます。3m程度の長さの縁甲板や目透かし張りなどがあり、樹種としては杉やヒノキが美しく、木目が平行の柾目と変化のある板目があります。

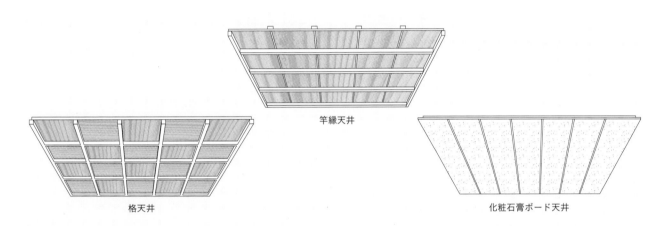

竿縁天井

格天井

化粧石膏ボード天井

●天井仕上げ材（木質系）

木質系の天井材のデザインとしては、天井板を格子状の組木の上に張る格天井や、平行の竿と呼ばれる木材の上に張る竿縁天井があります。表面に木目シートを貼って、一見、板に見える化粧石膏ボードもあります。

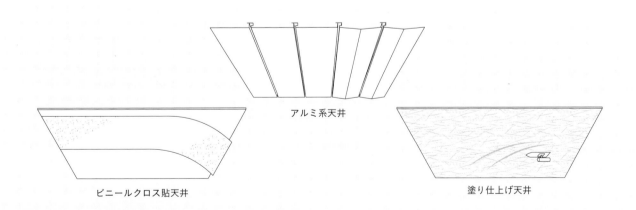

アルミ系天井

ビニールクロス貼天井

塗り仕上げ天井

●天井仕上げ材（その他）

和室では、上記のような木質系天井となりますが、洋室では、石膏ボードにビニールクロス貼りした天井が多く、プラスターやモルタル塗りの天井も、アクリルペイント塗りもあります。浴室では、水に強いアルミ系天井材が用いられます。

空間デザインにおいて、部屋の雰囲気を大きく左右するのが、窓などの開口部のデザインです。通常に出入りできる窓のほかにも、小さな窓、縦長の窓、床に近い位置にある窓、天井に近い位置の窓、壁を全面ガラス張りにするなど、壁とのバランスを考えて、光や視線の調整を行うことで、開放的な空間や落ち着いた空間をつくることができます。ドアも特別に高くしたり、ドア上に風通しのガラリを付けるなどデザインも自由です。

「ウィンドウトリートメント」と呼ばれるカーテンなどによる窓周りの演出も、インテリアデザインの重要な要素となります。本書でも示したとおり、窓にはさまざまな大きさや開閉形式があり、それらに応じた

ウィンドウトリートメントにする必要があります。ウィンドウトリートメントの一番の役割は「装飾」ですが、ほかにも「調光」「遮光」「断熱」「防音」「視線を遮る」「間仕切り」などの機能があります。また、カーテン生地によって、ドレープ（厚手の生地）やレースなどの素材を用いたものがあります。

カーテンのスタイリングも多様で、カーテンレールの吊り元（ひだ）やバランス（上部飾り）、タッセル（束ねる布）、トリム（縁の飾り）などがあり、主にクラシックスタイルのデコレーションに用いられます。ほかにも、ブラインドやロールスクリーン、ローマンシェードなどもあり、実際にショールームなどで見てみるとよく理解できるでしょう。

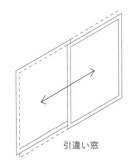

引違い窓

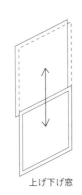

上げ下げ窓

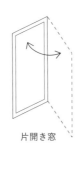

片開き窓

両開き窓

横すべり出し窓

● 窓の開閉形式

窓にはさまざまな開閉形式があり、一般的なものとして引違いが多く見られます。他にも、縦長の窓で用いられる上げ下げ、片開きや、両開き、横滑り出し、はめころしなどがあります。窓台を花やグリーンで飾る出窓もいくつかの種類があります。

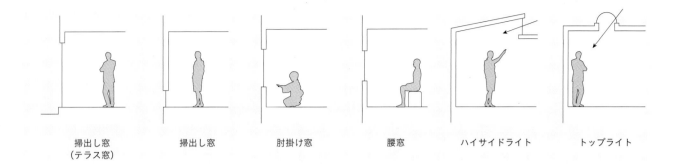

| 掃出し窓
(テラス窓) | 掃出し窓 | 肘掛け窓 | 腰窓 | ハイサイドライト | トップライト |

●窓の位置（壁につく高さ）

壁につく窓の高さによる種類もあります。出入り可能な掃出し（テラス）窓や、低い位置の掃出し窓、やや低めの肘掛け窓、床から1mくらいの腰窓、天井に近いハイサイドライト、天井についたトップライトなどがあり、それぞれ空間に変化を与えます。

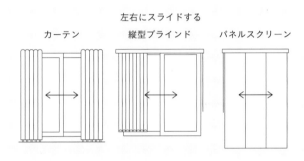

左右にスライドする

カーテン　縦型ブラインド　パネルスクリーン

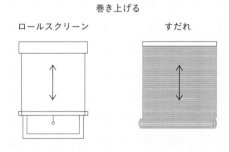

巻き上げる

ロールスクリーン　すだれ

●ウィンドウトリートメント（スライド式）

窓の室内側に取り付けるウィンドウトリートメントには、横にスライドするものとして、一般的なカーテン、縦型ブラインド、パネルスクリーンなどがあり、主に大きな窓に取り付けます。大きく開放でき、レースなどと二重に取り付けられます。

●ウィンドウトリートメント（巻き上げ式）

ウィンドウトリートメントの上に巻き上げるものとして、ロールスクリーン、すだれなどがあり、窓の下方を開放し、途中で止めることができます。布の表情がプレーンなために、シンプルでモダンなインテリアスタイルで、よく用いられます。

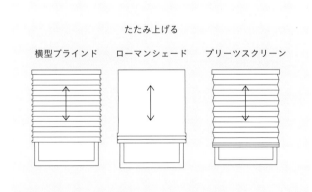

たたみ上げる

横型ブラインド　ローマンシェード　プリーツスクリーン

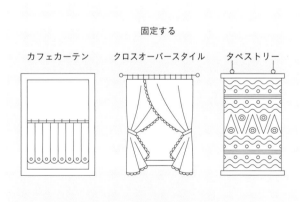

固定する

カフェカーテン　クロスオーバースタイル　タペストリー

●ウィンドウトリートメント（たたみ上げ式）

ウィンドウトリートメントの上にたたみ上げるものとして、横型ブラインド、ローマンシェード、プリーツスクリーンなどがあり、このタイプも、窓の下方を開放し、途中で止めることができます。横型ブラインドにはカラフルなものもあり、熱や光を調節できます。

●ウィンドウトリートメント（固定式）

ウィンドウトリートメントの固定しているものとして、カフェカーテン、クロスオーバースタイル、タペストリーなどがあり、小さめの窓を飾ります。カフェカーテンは上下を開放しており、デザインや柄を楽しむものです。

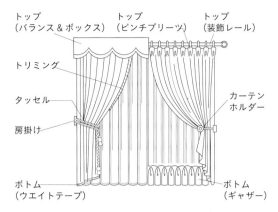

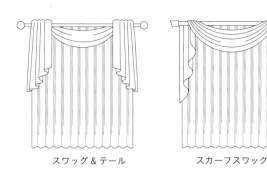

スワッグ＆テール　　スカーフスワッグ

●カーテン装飾の名称

カーテン装飾には凝ったものが多く、図のように、トップ（バランスやプリーツなど）、ボトム（ギャザーやウェイトテープ）、トリミング、タッセル、房掛け、カーテンホルダーなどの名称があります。

●スワッグ

クラシックなインテリアスタイルでは、カーテン装飾を凝ったものにします。スワッグ＆テールやスカーフなどカーテンのトップ（上部）を飾る手法にはさまざまなものがあります。

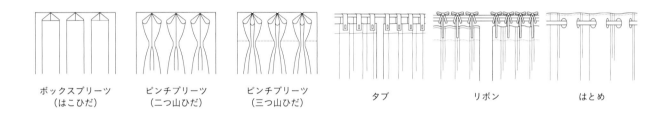

ボックスプリーツ　　ピンチプリーツ　　ピンチプリーツ　　　　タブ　　　　リボン　　　　はとめ
（はこひだ）　　　（二つ山ひだ）　　（三つ山ひだ）

●カーテンのプリーツ

カーテンのひだのことをプリーツと言います。開閉しやすくするためと美しく見せるためにあり、ボックス、ピンチ（2つ山、3つ山）などがあります。ひだが増えるほど、ゆったりとしたシルエットになります。他には、タブ、リボン、はとめなどの形もあります。

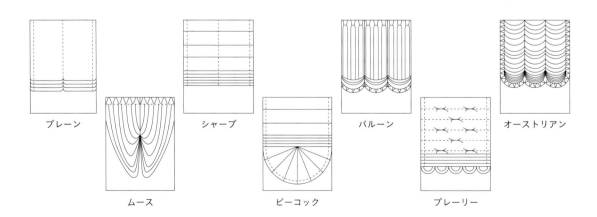

プレーン　　　　　　　　　シャープ　　　　　　バルーン　　　　　　オーストリアン

ムース　　　　　　ピーコック　　　　　　プレーリー

●ローマンシェード

ローマンシェードはたたみながら上下するカーテンで、縦長の窓を飾ります。プレーン以外にも、シャープ、バルーン、オーストリアン、ムース、ピーコック、プレーリーなどの美しいスタイルがあり、クラシックやエレガントなインテリアスタイルに合います。

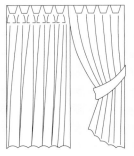
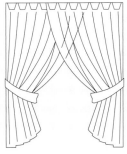
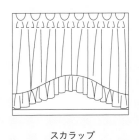
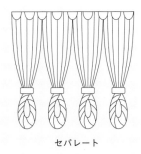

センタークロス クロスオーバー スカラップ セパレート

●スタイルカーテン

スタイルカーテンは、装飾性を高めたもので、固定して使うもの
が多くあります。種類には、センタークロス、クロスオーバー、ス
カラップ、セパレートなどがあります。これも、クラシックやエレガ
ントスタイルに合うカーテンです。

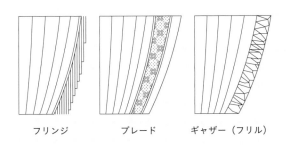

フリンジ　　　　ブレード　　ギャザー（フリル）

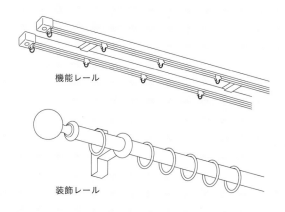

機能レール

装飾レール

●トリミング

カーテン生地の端部を飾るものをトリミングと言います。種類に
は、房のついたフリンジ、テープ状のブレードやギャザー（フリル）
などがあります。同じものを、クッションやベッドカバーの縁飾り
として合わせることもできます。

●カーテンレール

カーテンレールには、機能レールと装飾レールがあり、機能レー
ルでは二重のものが多く、木製などのカーテンボックスで見え
ないようにします。装飾レールは、木製や真鍮製など凝ったデザ
インの美しいものが数多くあります。

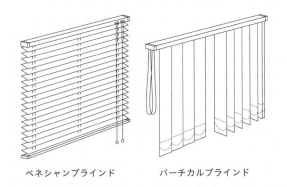

ベネシャンブラインド　　バーチカルブラインド

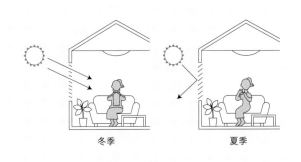

冬季　　　　　夏季

●ブラインド

横型のベネシャンブラインドは、15mmや25mmのアルミ製な
どのスラット（羽）でできており、縦型のバーチカルブラインドは、
100mmの布製などのスラットでできています。いずれもスラット
の回転と開閉によって、日差しや視線を調整します。

●ベネシャンブラインドの開閉

ベネシャンブラインドは、スラット（羽）の開閉によって、光や視線
を通したり遮ったりして、場面によって回転させて切り替えます。
冬には太陽光と平行にして室内に取り込み、夏には直角にして
遮ります。

2

インテリアデザインの
製図技法

製図とは、インテリアなど建築だけでなく、洋服や自動車、パソコンなど、あらゆる物を製作するため、形状・大きさ・構造・工程などを記入した図面を作成することです。産業革命により、ものづくりが手工芸から機械生産に置き換わることで、設計者と製作者が異なることにより、意図を正確に伝達する必要が生まれて、製図の必要性が高まりました。

建築、インテリア空間は、規模も大きく、たくさんのものが複雑に関わり合っているために、数多くの設計図が必要とされます。建築の実施設計図面は、大きく意匠図面、構造図面、設備図面に分けられます。

インテリアデザインを学ぶ皆さんは、それらのうち、室内意匠に関わる平面図、展開図、天井伏図、仕上表、建具表、造付家具図、透視図（パース等）などの図面を理解する必要があります。

製図には、製図通則という共通の規則（ルール）があり、それに沿って正確に描く必要があります。国際的には、国際標準化機構（ISO）で細かく規定されていますが、日本では、日本産業規格（JIS）に、建築製図通則（A0150）があり、線や文字、記号などについて詳細に決められています。

インテリア製図も、この規則に基づいて作図しますが、プレゼンテーション用の図面は、着色するなど一般の人にも分かりやすい表現としています。

図面の種類	主な縮尺			表現内容
平面図	1:50	1:100	1:200	部屋の配置を平面的に表現する。建具、設備、家具などを記入する。
展開図	1:20	1:50	1:100	各部屋の内部を詳細に示し、壁、建具、造付け家具などを記入する。
天井伏図	1:50	1:100	1:200	天井の形状、仕上材料、照明器具などを記入する。
建具表	1:50	1:100		内外部の建具の形状、材料、金物、錠、ガラスなどを記入する。
仕上表				各部屋の床、壁、天井の下地・仕上材料、幅木・周り縁などを記入する。
断面図	1:50	1:100	1:200	建物の垂直断面を表現する。床高、天井高、階高などを記入する。
矩計図	1:20	1:30	1:50	断面を詳細に示し、構造部材の寸法や材料、下地・仕上材を記入する。
各部詳細図	1:5	1:10	1:20	建具枠、階段などの造作、住宅設備などの詳細デザインを示す。
家具図	1:10	1:20	1:50	収納などの特注家具の形状、寸法、材料などの詳細を示す。
透視図				室内の様子を立体的に表現し、完成時のインテリアイメージを示す。

●インテリア製図の種類

建物を工事するためには設計図書という多くの図面を作成します。インテリアに関わるものには、平面図、展開図、家具図、仕上表、建具表、透視図（パース）などがあり、それぞれが正しく関連しており、必要な縮尺で描かれます。

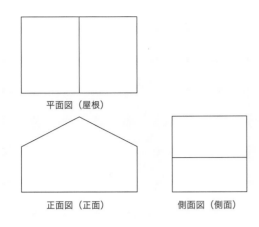

平面図（屋根）

正面図（正面）　　　側面図（側面）

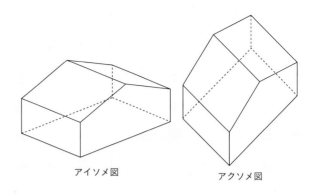

アイソメ図　　　　　　　アクソメ図

● 正投影法による立体の表現

空間にある立体を、上下左右前後の6方向から、まっすぐに見た（投影した）図で、真上から見た平面図、右から見た右側面図（立面図）、前から見た正面図（立面図）の三つの図面によって、立体の形を表現することができます。

● 軸測投影法による立体の表現

立体を、正投影図のよう三つに分けないで、一つの形として描くものを軸測投影図といい、立体の様子が分かりやすくなります。三つの面の交点の角度が同じ（120°）ものをアイソメ図、一つを直角にしたものをアクソメ図といいます。

種類		形状	用途
実線	太線	▬▬▬	外形線、断面線、仕上線など
	中線	▬▬▬	外形線など
	細線	▬▬▬	寸法線、基準線、ハッチングなど
破線		▬ ▬ ▬ ▬	隠れ線など
点線		･･････	想像線など
鎖線		▬ ･ ▬ ･ ▬	基準線、切断線など

縮尺	用途
1:1	原寸大の縮尺で、施工図や家具図などで、ディテールを検討する。
1:2、1:5 1:10	部分詳細図などに用い、ディテールを検討する。
1:20	平面図などで部分的に詳細な表現が必要な時に用いる。
1:50	平面図や展開図などに用い、標準的な縮尺である。
1:100	平面図などにおいて、細部の表現よりも、空間のつながりを表現する。
1:200	大規模な施設の平面図などに用いる。

● 線の種類・太さと使用方法

製図の線などのルールはJISで決められており、線の種類は、実線、破線、点線、一点鎖線などがあります。太さも太線、中線、細線と分けられ、製図の表現上、使い分けられているので、注意が必要です。

● 図面における尺度

図面の尺度は、1:1から1:200まで段階があり、図面の用途により使い分けます。1:1〜1:10は各部詳細図に用い、1:50が標準となり平面図や展開図に使います。1:100〜1:200では細かなインテリアより、建物全体の空間のつながりを表現します。

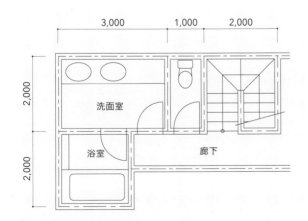

● 図面における寸法の表現

空間寸法は、壁の中心距離を表示します。引き出す寸法補助線と、数値を記入する寸法線から成ります。横寸法はそのまま、縦寸法は右側から見たときに読めるように記入します。単位はmmで表現します。JISでは、詳細な寸法記入ルールがあります。

1.8mm インテリアデザイン
INTERIOR 123

3.5mm インテリアデザイン
INTERIOR 123

10mm インテリアデザイン
INTERIOR 123

● 図面における文字の書き方

文字の書き方は、重要度によってサイズを変えます。製図の文字は誰でも正確に読めるように、楷書でまっすぐ揃えて丁寧に書きます。JISでは16画以上の漢字は「かな書き」にするよう推奨しています。かなは、カタカナに統一しても構いません。

種類	平面表現	立面表現	種類	平面表現	立面表現
仕切りのない間口			仕切りのない窓		
引違い戸			引違い窓		
片引き戸			連窓		
引込み戸			片開き窓		
片開き戸			両開き窓		
両開き戸			FIX窓		
自由開き戸			ジャロジー窓		
折りたたみ戸			突き出し窓すべり出し窓		
伸縮間仕切り			シャッター付窓		

●開口部の平面表示記号（1/100）と立面表現

JISでは、建物の開口部（窓やドア）の平面表示記号が定められ
ています。ここでは主な開口部の平面表示記号と合わせて、展
開図や立面図で用いる開口部の立面表示も図示しておきます
ので、覚えておきましょう。

縮尺程度別による区分／表示事項	縮尺1/100又は1/200程度の場合	縮尺1/20又は1/50程度の場合（縮尺1/100又は1/200程度の場合でも用いてよい）
壁一般		
コンクリート及び鉄筋コンクリート		
軽量壁一般		
鉄骨		
普通ブロック壁 / 軽量ブロック壁		
木造及び木造壁	真壁造 管柱，片ふた柱，通し柱 / 真壁造 管柱，片ふた柱，通し柱 / 大造 管柱，片ふた柱，通し柱 / （柱を区別しない場合）	化粧材 / 構造材 / 補助構造材
板ガラス		
タイルまたはテラコッタ		材料名を記入する / 材料名を記入する
石材または擬石		石材名または擬石名を記入する
左官仕上		材料名および仕上げの種類を記入する
畳		

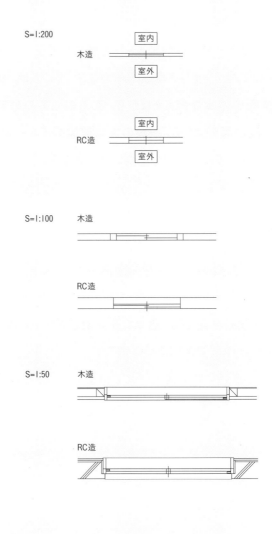

S=1:200 木造 室内 室外
RC造 室内 室外

S=1:100 木造 RC造

S=1:50 木造 RC造

●材料表示記号（1/1〜1/200）

JISでは、尺度別の材料表示記号も定められています。木造や鉄筋コンクリート造、鉄骨造において、柱や壁の表現、その他、ガラスやタイル、石材、左官仕上げ、畳などの表現もそれぞれ定められています。

●縮尺別の平面図の表現（木造とRC造）

木造と鉄筋コンクリート（RC）造の引違い窓まわりの平面図について、1:200では少しの壁厚の差程度で記号的に同じ表現です。1:100、1:50と詳細な図面になると、開口部枠や壁の表現が正確になります。

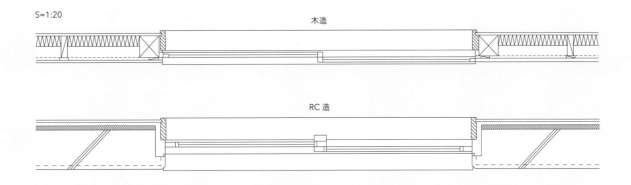

S=1:20 木造 RC造

●縮尺別の平面図の表現（木造とRC造）

木造と鉄筋コンクリート（RC）造の引違い窓まわりの平面図について、1:20では、上記の材料表示記号に示したように、木材やコンクリートなど材料の種類や断熱材なども表し、サッシの表現も金属枠など、より詳細な表現となります。

インテリアデザインのイメージを形にして伝える方法としてのインテリア製図を学びます。ここでは、建築製図の基本を押さえながら、工事のための専門性の高い図面よりも、一般の人に部屋のイメージを分かりやすく伝える図面を描いていきます。

製図道具を準備しましょう。A2サイズの図面を描ける製図板とT定規、三角定規、三角スケール、円定規（テンプレート）、製図用シャープペンなどが必要となります。他にも専用の道具はたくさんあり、必要に応じて買い揃えると良いでしょう。インテリアデザイン技能検定では、簡単な筆記具とスケールなどがあれば作図できる試験形式です。

製図は線と文字で構成されていますが、線も種類や太さによって意味も異なってくるので、使い分ける必要があります。また、線は各種定規を使って引くのですが、正確に描くためにルールやコツがあります。

本書では、平面詳細図や展開図、パースなどの主なインテリア製図の作図手順を示しています。製図で重要なのは「数字」です。空間も家具も決まった大きさがあるので、正確に表す必要があります。

手順の基本は、グリッド（基本寸法）に沿って壁の中心線をまず描きます。そこに壁の厚さを描き、建具（窓やドア）を描いて空間を仕上げます。その後、家具や住宅設備を描き、文字や寸法を書いて完成させます。

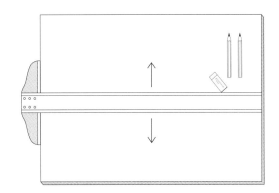

●製図板とT定規

手描き製図では、用紙を貼り付けて、定規などを使うための製図板が必要です。A2からA0サイズまで製図板の大きさもさまざまです。製図板の左縁にスライドさせて平行線を引く、T定規という長い定規をセットで使います。

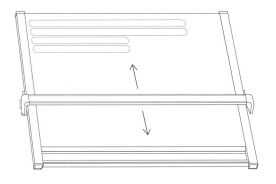

●平行定規

製図板とT定規の機能が一体化した製図板を平行定規といい、左右の両端に長い定規が固定されてスライドするので、楽に平行線が描けます。板もマグネットシートが貼られており、用紙の着脱が簡単です。A2サイズなど持ち運びも可能です。

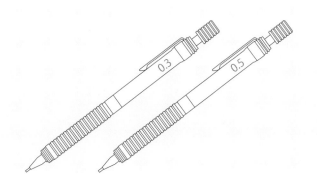
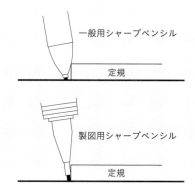

一般用シャープペンシル

定規

製図用シャープペンシル

定規

製図用シャープペンと定規の厚さ

通常のシャープペンと基本性能は同じですが、ペン先のシャープ芯を長めに出せるようになっています。そのため厚みのある定規と用紙に沿ってピタッと当てると、安定したまっすぐの線が引けます。0.5mmと0.3mmを用意すると良いでしょう。

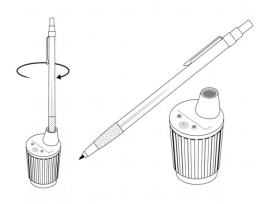
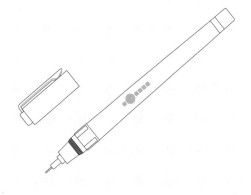

●製図用芯ホルダー

黒鉛筆と同じような直径2mmの芯を固定して使う、芯ホルダーという筆記具があります。黒鉛筆と同じ感覚で線を描くことができ、芯の先が丸くなると芯ホルダー用芯研器に差し込んで回転させて削ります。

●製図用水性インクペン

インテリア製図は、修正を繰り返すために、シャープペン等で作図しますが、美しい完成図面にするため、製図用水性インクペンを用います。0.1mmや0.3mmなど十数種類あり、さまざまな太さの線が描けます。

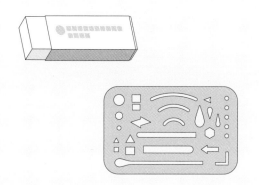
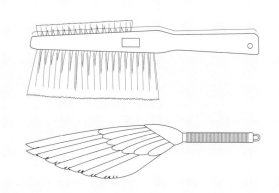

●消しゴムと字消し板

きれいに線を消すためにプラスチック消しゴムを使いますが、普通に線を消すと、周りの必要な線まで消えてしまうので、字消し板という小さな切り込みや穴が空いた薄板を当てて、消したい線だけ消すことができます。

●製図用ブラシ

製図用紙の上で、消しゴムを使って線を消すと、消しカスが用紙に残ります。それを手で払うと、用紙が芯の粉などで汚れてしまいます。それを防ぐために、製図用ブラシを使って、消しカスを用紙の上から払います。

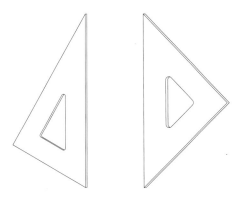

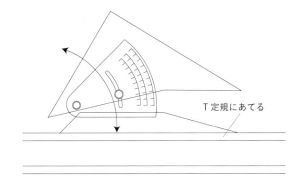

●三角定規

底辺の長さ300mm程度のサイズの三角定規セット（45度と30度）を組み合わせて使います。平行定規にこの定規を当てると、直角（90度）の他に、30度、45度、60度などの線を引くことができ、ペンで線を引く際に使うエッジ付きもあります。

●勾配定規

この定規は一枚で、あらゆる角度に変えることができます。ネジを緩めて、指定の角度目盛に合わせて固定して使います。

T定規にあてる

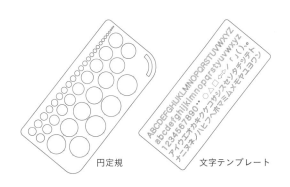

円定規　　文字テンプレート

テンプレートの目印

下書き線

●製図用テンプレート（円・文字など）

プラスチックの型板をあらゆる図形や文字にくり抜いたもので、簡単に円を描いたり、いろいろなサイズの数字やアルファベットも書けます。エッジ付きは、シャープペンとインクペンで表裏を使い分けます。検定専用テンプレートもお勧めです。

●テンプレートを使った円の描き方

円のテンプレートには直径（mm）が記されているので、サイズに合ったものを選びます。円を描きたいところの中心を想定した下書き線に、テンプレートの円の縁の目印を合わせて描きます。

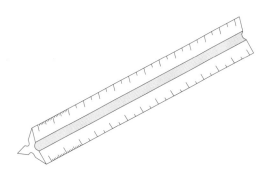

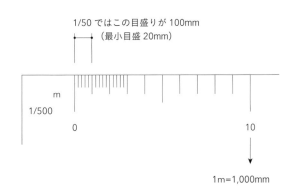

1/50ではこの目盛りが100mm
（最小目盛20mm）

m

1/500

0　　　　　　　　　10

1m=1,000mm

●三角スケール

三角形の断面で、6通りの縮尺（1:100、1:200、1:300、1:400、1:500、1:600）が測れるスケールです。長さは150mmと300mmのものがあります。手描きでインテリア製図を行う場合は必需品です。

●三角スケールの目盛りの読み方

例えば、1:50の図面を測る時には、1:500の目盛を使います。この目盛は、10、20、30と表示されています。目盛の10は1,000mm（1m）と読み替えます。1に相当する目盛は100mm、細かい最小目盛は20mmです。

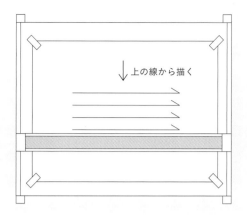

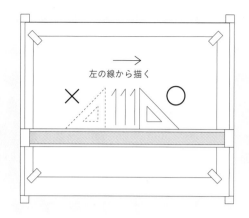

●水平線の引き方

平行定規を使った平行線の引き方は、長い平行定規を当てて、（右利きの場合）左から右へ引きます。引いた線が重ならないように、用紙の上にある線から順に引きます。

●垂直線の引き方

平行定規を使った垂直線の引き方は、長い平行定規の上に（右利きの場合）三角定規の左を直角になるように当てて、下から上へ引きます。引いた線が重ならないように、用紙の左にある線から順に引きます。

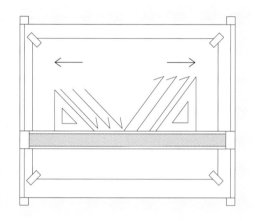

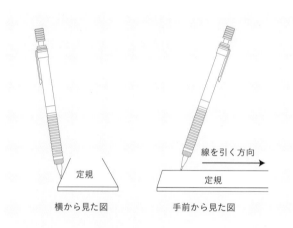

●斜線の引き方

平行定規を使った斜線の引き方は、長い平行定規の上に三角定規を指定の角度になるように当てて、（右利きの場合）左上から右下、または左下から右上へ引きます。これも、引いた線が重ならないように引きます。

●シャープペンと定規の当て方

平行定規や三角定規は厚さが2〜3mmあるために、線を引くときに、定規と用紙にきちんと当てないと、不安定な線になります。そのため、シャープペンを定規の向こう側と、線を引く方に少し傾けて引くと、まっすぐな線が描けます。

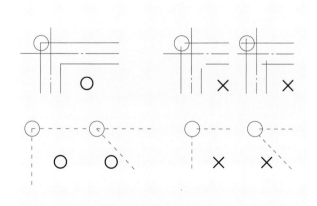

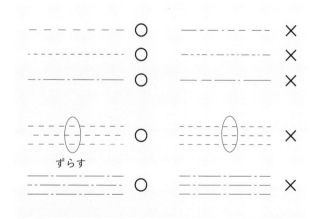

●実線や破線の角と交点

実線の交点は、離れたり引き過ぎないように、きちんと止めて描きます。破線も同様にきちんと止めることと、線の要素で交わるようにします。アキ部分で交わると、分かりづらくなるので注意します。

●破線や一点鎖線の長さ・空きを揃える

破線や一点鎖線では、線や点の長さ、アキが、バラバラにならないよう、揃えて描きましょう。また、線同士が近接しているときは、見やすくするため、アキ位置をずらして描きましょう。

3-1 平面詳細図

平面図とは、それぞれの階の床から約1mの高さで、水平に壁などを切断して、床を上から見た図面のことで、建築図面の中で重要なものとなります。住宅などの平面図では、縮尺1/100などが多く用いられます。主要部の寸法は、壁の中心から中心までを示しており、壁のラインを太くしっかりと描きます。平面図は、壁と窓・ドアを表す簡単な平面表示記号で建物を表現します。部屋には、テーブルや椅子などの家具、キッチンや便器などの住宅設備を描き込みます。また、階段や玄関框（段差のある床の化粧材）、和室の畳、床の間などの造作、ポーチやテラスなどを描きます。部屋名と寸法を入れて完成させます。

より詳しい1/50で描かれた平面詳細図では、柱や壁体の構造、建具枠、コンセント類などの電気設備の種類や位置、水栓などの給排水設備の種類や位置なども描きます。インテリア製図では、構造や設備については省略し、家具の配置などに重点を置いて描きます。

インテリアデザイン技能検定では、条件としての部屋の平面図が1/100で示され、回答は平面詳細図（1/50）で、壁、建具（窓やドア）、床仕上げ、家具配置、床置き照明、観葉植物などを描いて、着色して仕上げます。条件によっては、キッチンや洗面カウンターなどの住宅設備や、バルコニーなども描きます。

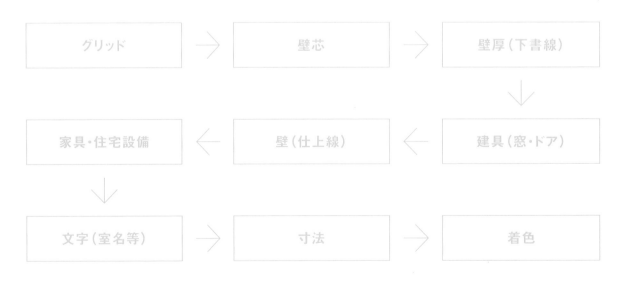

● 平面詳細図の製図手順
910や1,000などグリッドを描き、壁芯、壁厚線を描いて、窓やドアなど建具を仕上げます。建具以外の壁を仕上げて空間が完成します。各部屋に住宅設備や家具等を描き、文字、寸法を書いて完成です。

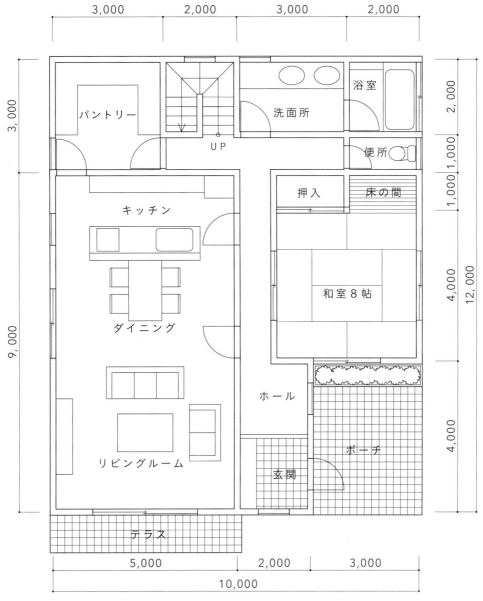

平面図　1／100

●平面図と平面詳細図

上記の図面は、1:100の住宅平面図です。この平面図は、住宅全体の部屋のつながりが分かる「間取り」を表現するものです。
各部屋の詳細なインテリアデザインを表現するには、1:50の平面詳細図を描きます。
ここでは、紙面の制約より、住宅全体ではなく、キッチン・ダイニング・リビングが一体となった部屋を1:50で描くこととします。次ページから6ステップで描いていくので、同様に練習してください。

①極細線で、水平線1本（一番下）と直行した垂直線1本（一番左）を描きます。

②三角スケール（1/50）（1/500目盛）を用いて、その交点から、水平線に、1,000mmずつ、5つの目盛を付けます。同様に、垂直線にも、
　1,000mmずつ、9つの目盛を付けます。

③上記の目盛のところに、極細線で、水平線9本、垂直線5本を描きます。

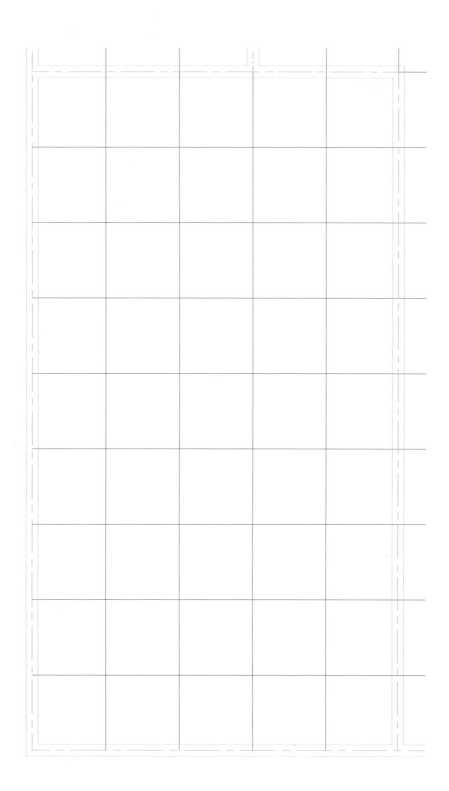

STEP2　壁芯と壁厚線を描きます

①中線の一点鎖線で、壁のあるグリッド上に、ドアや窓など建具のあるところも含めて、壁の中心線（壁芯）を描きます。交点は少しはみ出す程度にします。

②極細線で、壁芯から80mmずつ壁の厚さを取り、壁芯と平行線を2本ずつ描きます。

　※ここでは木構造の壁として、壁芯から80mmずつ、合わせて160mmの厚さとします。壁の厚さは、壁の構法や仕上げ材料によっても異なります。

　※このステップでの壁厚線は、下描き線として極細線としておきます。

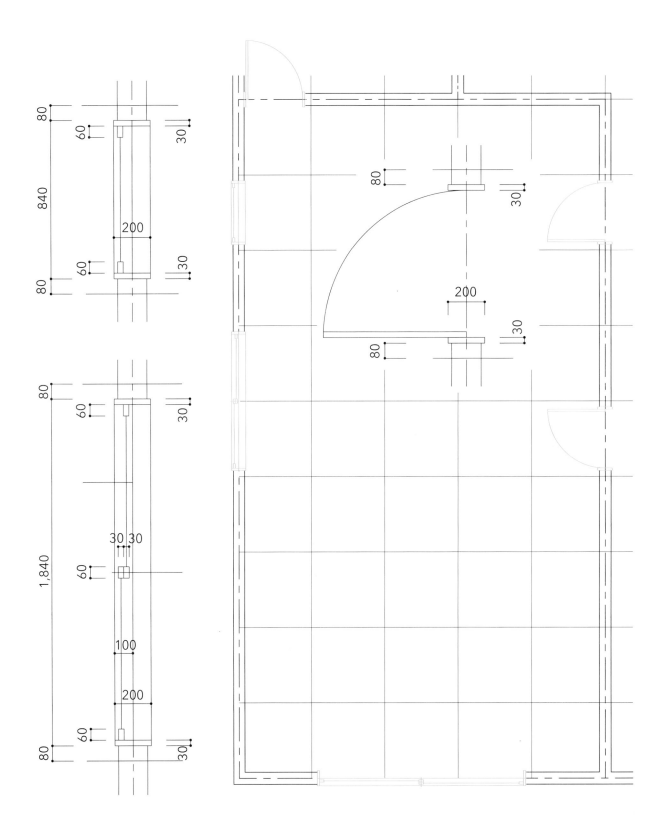

STEP3　開口部に建具（窓やドア）を描きます

①極細線で、建具（窓やドア）位置となる下描き線を描きます。

　※グリッド間の建具は、両端のグリッド線から80mm内側に位置をとります。

②建具枠を、建具位置の内側に描きます。壁芯の室内側に木枠（枠幅30mm）、室外側にサッシ枠（枠幅30mm）を、それぞれ見込（奥行）
　寸法100mmで描きます。

③窓ガラスをはめる左右の枠（60mm×30mm）とその間にガラスを中線で描きます。

④ドアは、両端に建具枠（30mm×200mm）、ドア厚（30mm）と開く軌道を円弧で描きます。

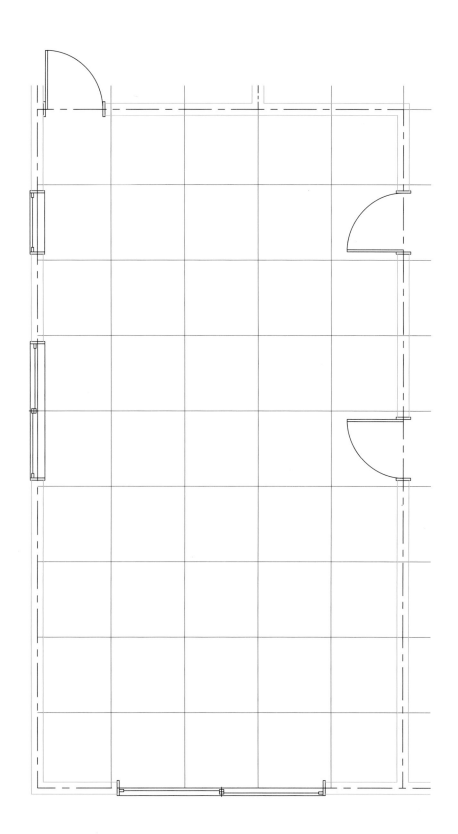

STEP4　壁線を描きます

①建具（窓やドア）以外のところの壁厚線を、ここで濃くしっかりと太線で仕上げます。

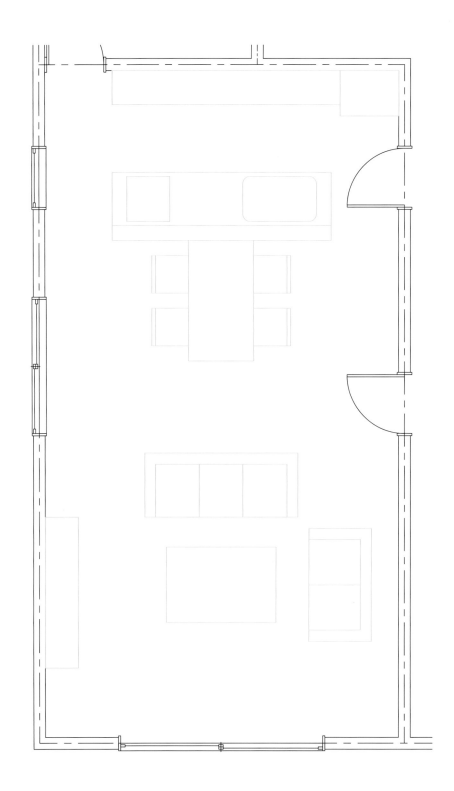

①部屋の中にあるキッチンやバスユニット、便器などの住宅設備、テーブルやソファなどの家具、階段や畳、框などの造作を、寸法通りに真
　上から見た姿で描きます。
　※建築図面では、設備などの固定のものは実線で、家具などの可動のものは破線で描くこともありますが、ここではインテリア図面として、
　　可動の家具類も実線で描きます。

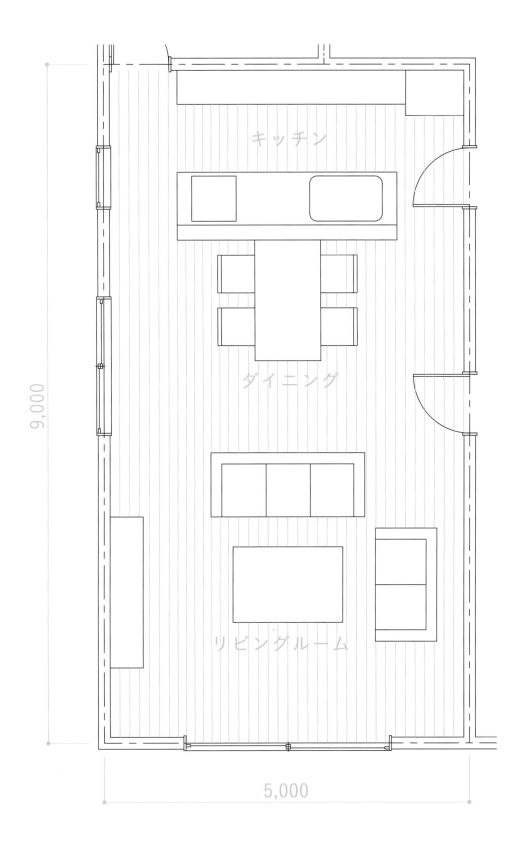

9,000

5,000

キッチン

ダイニング

リビングルーム

STEP6　文字・寸法を描きます

①室名などの文字は大きさを揃えるため、下書き線に沿って、ブロック体の読みやすい文字で書きます。

②壁芯と壁芯の間の寸法を、寸法補助線と寸法線を引いて、寸法数値を書きます。

　※寸法数値は、横寸法は下から、縦寸法は右から見て読めるように向きを揃えます。

　※インテリア図面としては、フローリングラインを引き、着色して仕上げます。壁もグレー等で着色すると見やすくなります。インテリア表現
　　として、観葉植物やフロアスタンドなども描きましょう。

展開図とは、それぞれの部屋の壁を描いたもので、一般的な矩形の部屋であれば、四つの壁面があり、工事図面では全てを描きます。この展開図を描くことで、平面図と合わせて、部屋の様子が分かります。住宅などでは、1/50の縮尺が用いられます。

工事図面では、平面図（キープラン）を描き、どちらの壁面を描いたものかA〜Dなどで示します。描くものは、床・壁・天井のラインで、空間を表します。床を下に、天井を上に、壁際を左右に、部屋の中からその壁を見たように描きます。そこに、窓やドアなどの建具を描き、幅木や、周り縁、カーテンボックスなどを描きます。和室であれば、柱や鴨居、長押などの造作と呼ばれるものを描きます。壁の下地や

仕上げ材を文字で記入します。キッチンや洗面所などでは、住宅設備（システムキッチンや洗面化粧台など）を描き、リビングルームやベッドルームでは、造り付け収納家具（TVボードや本棚、クロゼットなど）を描きます。ソファや椅子、食器棚などの、後から置いて動かすことのできる家具類は、点線でシルエットを描きます。ただし、インテリア製図では、分かりやすく表現するために、家具やスタンドライト、観葉植物、カーテンなども実線で描いて、着色することもあります。

紙面の都合で、図面を90度回転していますので、テキストを横にして見てください。

●展開図の製図手順
床と天井の横グリッドと水平グリッドとを描きます。左右の壁芯から壁厚分を室内側にとり、床と天井のラインを描きます。窓やドアなどの建具、壁面にある家具、住宅設備、幅木などを描き、文字、寸法を書きます。

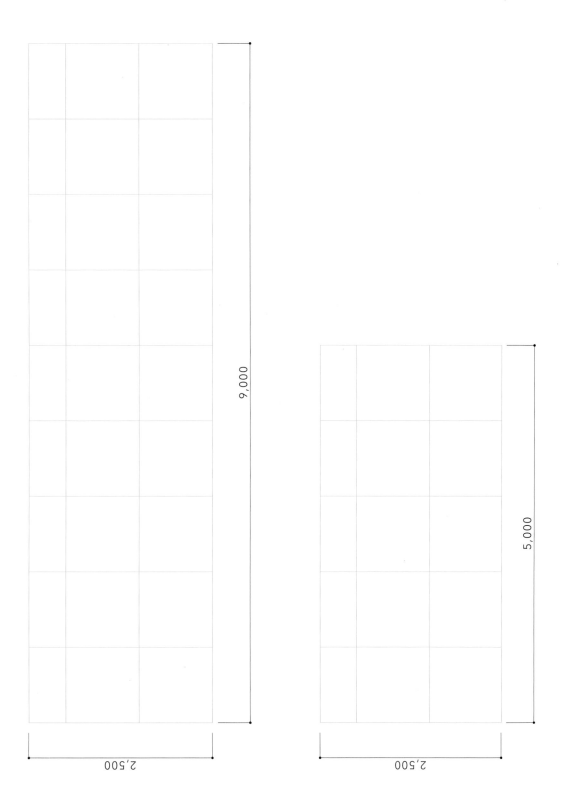

9,000

2,500

5,000

2,500

STEP1　グリッドを描きます（方眼紙などに作図する場合は不要）

①極細線で、水平線1本（下）と直行した垂直線1本（左）を描きます。

②上の図（9,000mmの壁）では、三角スケール（1/50）（1/500目盛）を用いて、その交点から、水平線に、1,000mmずつ、9つの目盛を付けます。同様に、垂直線にも、1,000mmずつ、2つの目盛を付けます。下の図（5,000mmの壁）では、水平線に5つの目盛、垂直線に2つの目盛を付けます。

③上の図では、上記の目盛のところに、極細線で、水平線3本、垂直線9本を描きます。下の図では、水平線3本、垂直線5本を描きます。

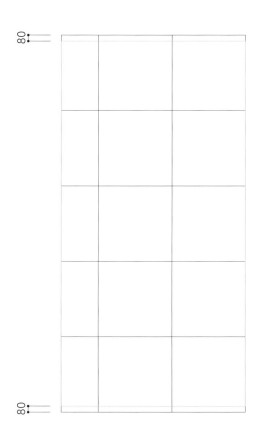

STEP2　床・壁・天井線を描きます

①一番右の垂直グリッド線より80mm内側（左側）に垂直線を太線で描き、同様に一番左の垂直グリッド線より80mm内側（右側）に垂直線を太線で描きます。これが壁線となります。

②一番下の水平グリッド線の上を、先に描いた壁線の間を太線で描きます。これが床線となります。

③一番上の水平グリッド線の上を、先に描いた壁線の間を太線で描きます。これが天井線となります。

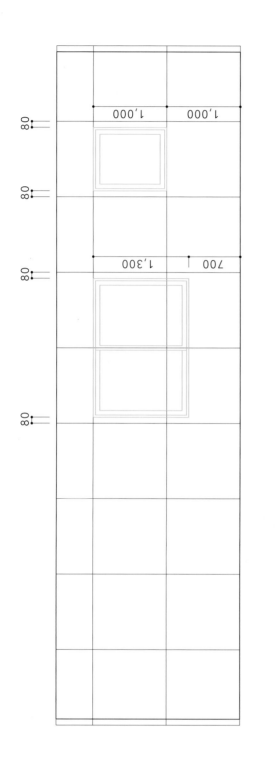

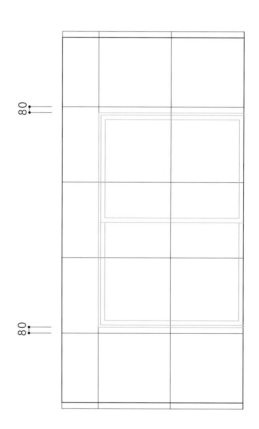

STEP3　建具（窓やドア）を描きます

①建具のある位置とサイズを確認し、建具の外形線（四角形）を太線で描きます。

　※グリッド間の建具は、左右のグリッドから80mm内側に、上下は床からの高さで位置をとります。

②外形線の内側に、30mmとって窓枠線を描きます。

③建具形状に合わせて、姿図を表現します。引違い窓の場合、ガラス障子枠を上下左右60mmとって描きますが、中央では左右の障子枠を重なっている状態で描きます。

④はめころし窓、上げ下げ窓、片開き扉なども、同様に姿図を表現します。

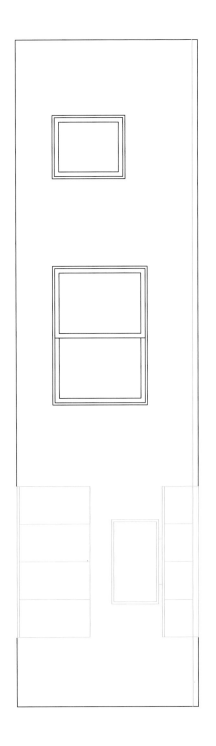

STEP4　家具・幅木などを描きます

①壁面に沿って置かれている家具を正面から見た姿図として表現します。

　※家具の表現として、棚の厚みや扉、引き出し、台輪など正確に描くようにします。

②家具や掃出し窓、ドアなど以外で、壁が床まであるところに、幅木線80mmの水平線を描きます。

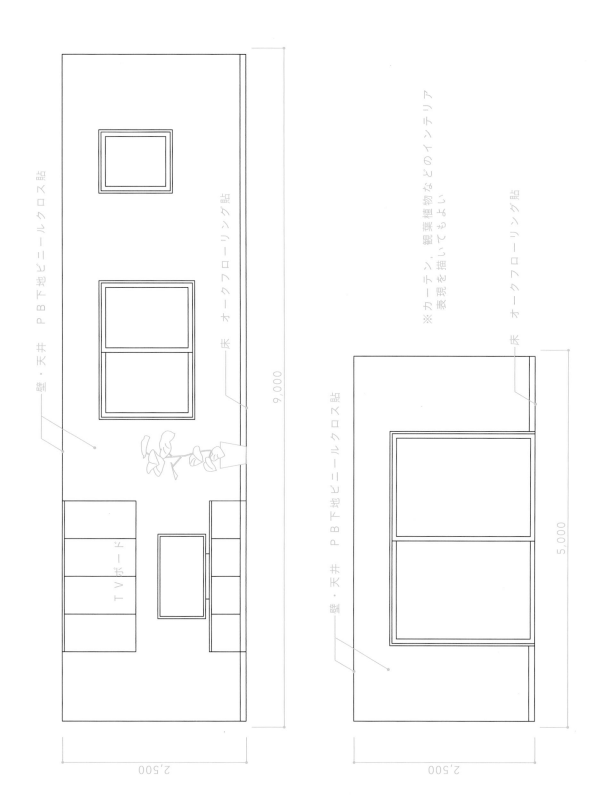

壁・天井 ＰＢ下地ビニールクロス貼

床 オークフローリング貼

9,000

2,500

※カーテン、観葉植物などのインテリア表現を描いてもよい

床 オークフローリング貼

壁・天井 ＰＢ下地ビニールクロス貼

5,000

2,500

ＴＶボード

STEP5　文字・寸法を描きます

①天井や壁、床の仕上げ材料や家具の名称など、必要な文字を記入します。

②壁の長さ（グリッド間）の寸法を記入します。

③他にも、インテリア表現として、カーテンや観葉植物などを描くこともあります。

3-3 収納家具図

収納家具とは、リビングルームやベッドルームの壁に造り付けられたり、部屋のコーナーを仕切るために置かれたりする家具で、用途に応じたモノを収納するものです。椅子やソファ、ベッドなどの人体系家具ではなく、収納家具は建築系家具と呼ばれます。サイズは壁面いっぱいで天井までの大型から、用途に応じたサイズの置き型の家具があります。

家具などの立体としてモノの製図は、第三角法と製図法を用いて、正面図、平面図、側面図をワンセットとして描きます。簡単に言えば、真正面から見た姿、真上から見た姿、真横（左右どちらでも）から見た姿の三方向からの図を描き、収納家具などでは、内部の棚板などを点線で描きます。縮尺はインテリ

ア製図なら1/30程度で、家具施工図という製作用の図面は1/10など詳細に描きます。

収納家具の図面を描くには、家具の簡単な構造を理解しておく必要があります。収納家具は箱型をしており、まず本体は、「地板」（下）、「天板」（上）、「側板」（左右）、「背板」（後ろ）からなり、床に置いて安定を保つための「台輪」があり、天井に接して「支輪」があります。その箱体に、必要に応じて「棚板」が付き、「引き出しやパイプ」が付くこともあり、デザインや用途によって、「扉」が付く場合があります。

| 外形線 | → | 扉・内部棚 | → | 寸法 |

| 外形線 | → | 棚 | → | 寸法 |

● 収納家具図の製図手順

家具の幅と高さをとり外形を描きます。家具図は、正面図、平面図、側面図の3枚で表現します。扉付きの場合、扉の形状と内部の棚板を描き、オープン棚の場合、棚板を描き、文字、寸法を書いて完成です。

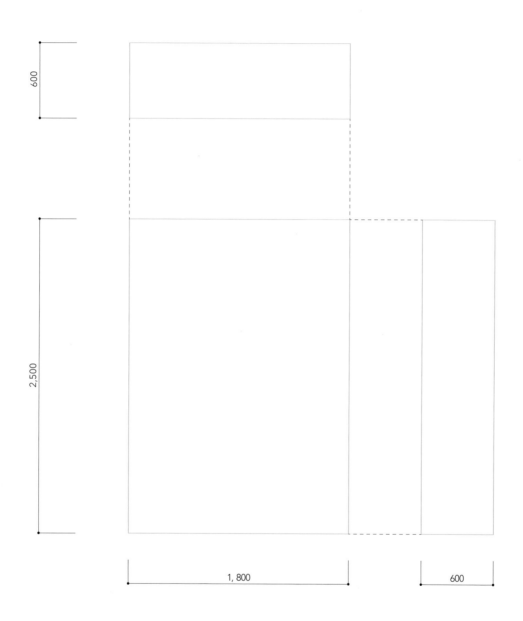

600

2,500

1,800

600

STEP1 【扉付き収納棚】家具の外形線を描きます

①家具の幅1,800mm、奥行600mm、高さ2,500mmを三角スケール（1/30）で測って、中線で描きます。

②第三角法という作図法で描くため、正面図を左下に、右側面図を右に、（上から見た）平面図を上に、正面図の幅と高さの線と揃えて描きます。

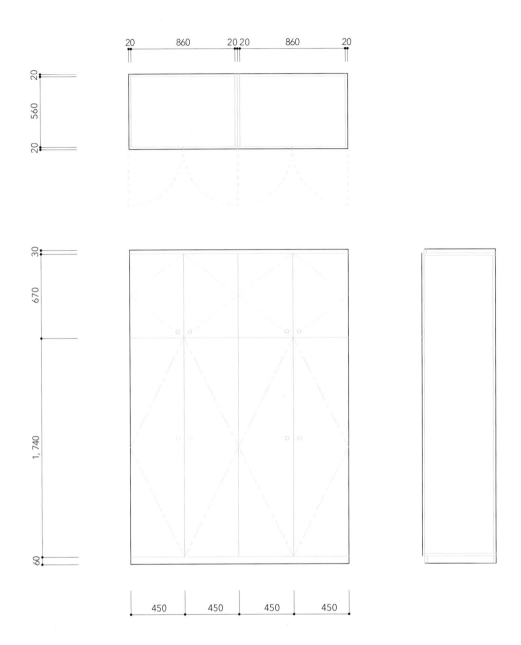

STEP2　扉と地板、天板、側板、背板を描きます

①正面図には扉を描きます。床から60mmの台輪（だいわ）をとって、その上に、1,740mmと670mmの高さの両開き扉を描き、天井との
　間に30mmの支輪（しりん）を描きます。扉には取手を描き、開き方向を示す1点鎖線を引きます。
②側面図には、扉、地板、天板、背板、台輪、支輪などの断面を描きます。各板の厚みは20〜30mm程度です。
③平面図には、扉、地板、天板、背板などの断面を描き、扉の開く軌道を点線で示します。
　※側面図、平面図の断面線は、破線で描くこともありますが、ここでは実線で描いています。

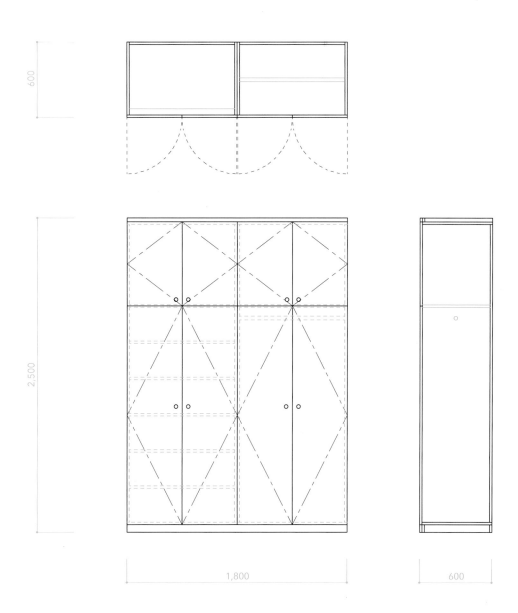

STEP3　収納内部の棚板やパイプと外形寸法を描きます

①収納棚内部の棚板やパイプを、正面図には破線で、側面図と正面図には実線で描きます。棚板の厚みも20〜30mm程度です。

②外形の寸法線を書き込みます。

　※側面図、平面図の断面線は、破線で描くこともありますが、ここでは実線で描いています。

　※場合によって、材種や塗装仕上げを記入します。

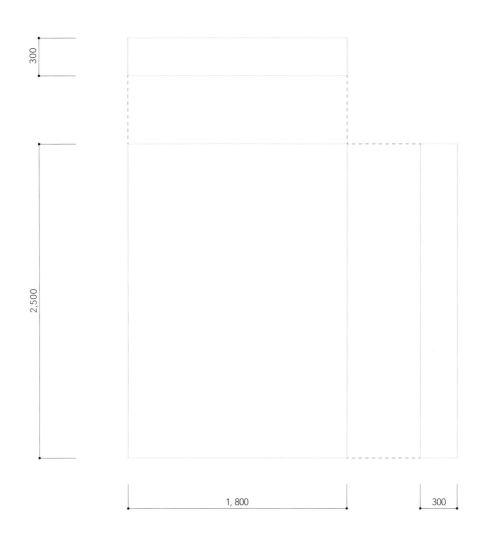

300

2,500

1,800

300

STEP1　【オープン本棚】家具の外形線を描きます

①家具の幅1,800mm、奥行300mm、高さ2,500mmを三角スケール（1/30）で測って、中線で描きます。

②第三角法という作図法で描くため、正面図を左下に、右側面図を右に、（上から見た）平面図を上に、正面図の幅と高さの線と揃えて描きます。

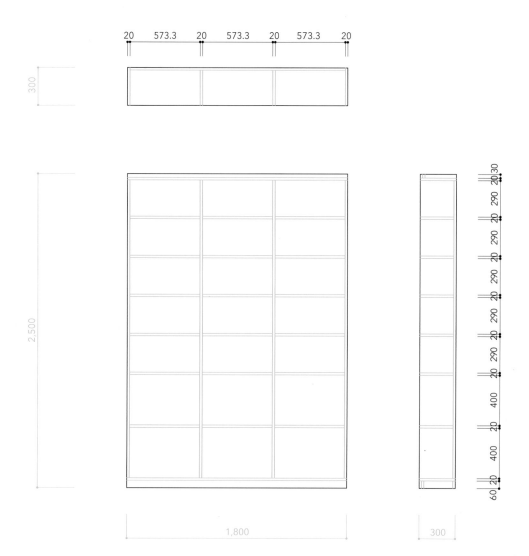

STEP2　地板、天板、側板、背板、棚板と外形寸法を描きます

①床から60mmの台輪（だいわ）をとって、その上に地板を、一番上に天板を描き、さらに天井との間に30mmの支輪（しりん）を描きます。
　オープン棚の場合は、全て実線で描きます。
②側板と仕切り板も20mmで描き、その間隔は、均等になるように計算します。
③側板と仕切り板の間に、400mmと290mmのスペースを取りながら、20mmの棚板を描いていきます。
④外形の寸法線を書き込みます。
　※側面図、平面図の断面線は、破線で描くこともあります。場合によって、材種や塗装仕上げを記入します。

「パース」という言葉は、英語のパースペクティブ（perspective：遠近法）の略で、それを用いた作図のことです。遠近法は、イタリア・ルネサンス期に確立し、空間に奥行きを表現するものでした。簡単に言うと、同じ大きさのものでも遠くにあるものを小さく描く方法です。例えば、広大な平原にある1本道に立って、遥か遠方を見ると、幅を持った道は地平線の彼方の1点に消えるように見えます。このような幾何学的な遠近法とともに、ダ・ヴィンチは、遠くのものは色が淡くなり、ぼやける空気遠近法も発見し、「遠近法は絵画の手綱であり舵である」と写実的表現手法として絶賛しました。

1消点パースとは、インテリア製図の場合、部屋の中から、壁面を背にして対面の壁面をまっすぐに見た構図で描くもので、床と天井、三つの壁面が見えるために、部屋全体の様子が分かります。対面の壁面を見る位置と高さによって、多少見え方が異なり、この視線があたるところに消点が一つあり、高さ2,000mm程度にすると表現しやすくなります。

製図手順は、立ち位置（SP）や消点（VP）を幾何学的に求めて、平面図から描き起こしていきます。インテリアデザイン技能検定では、パースが出題される際には予めグリッドが描かれていますので、家具等を配置し、消点を用いて簡単に描くことができます。

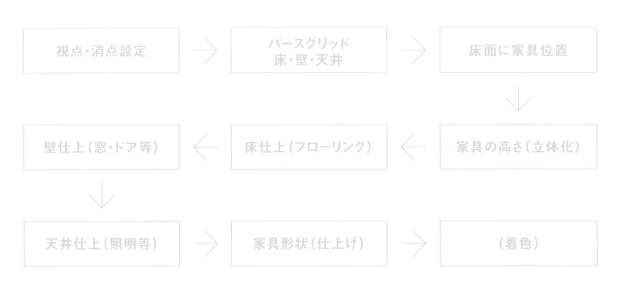

●1消点パースの製図手順
作図範囲を決め、視点や消点を設定し、作図法に基づきパースグリッドを描きます。床面に家具の位置を描き、高さをとって立体化します。その中に家具形状を仕上げ、床（フローリング等）、壁（建具）、天井（照明）を描きます。

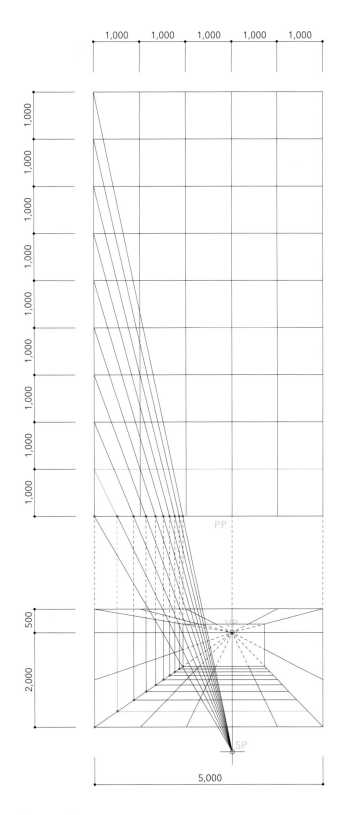

●直接法による1消点パースのグリッド作成

・平面図を描き、下の壁ラインをPP（ピクチャープレーン）とし、上と左右の3面の壁に囲まれた空間を描きます。
・平面図の下方、4〜5m程度離れたところに、立ち位置であるSP（スタンディングポイント）を任意にとります。
・平面図の両端の壁ラインを真っ直ぐ下に伸ばし、任意の位置に床、目線、天井ラインの水平線を描き、部屋となる四角形を描きます。
・SPから垂直線を引き、目線（2,000mm）との交点をVP（消点）とし、床、壁、天井からVPに向けてグリッドラインを描きます。
・空間の奥行は、平面図の奥行点とSPを結んだ線がPPと交差した点から垂直線を下におろし、床-壁ラインに印をつけます。
・その点から、床、壁、天井に水平線と垂直線を引いて、奥行ラインのグリッド描いて完成です。　※1,000mmグリッドとしています
　※パースは室内のみを描くため、厳密には、壁の厚さ（80mm程度）を狭くする必要がありますが、ここでは、部屋のイメージを伝える図として、
　　誤差として扱っています。もちろん壁際の寸法を部屋内寸で正確に描くこともできます。

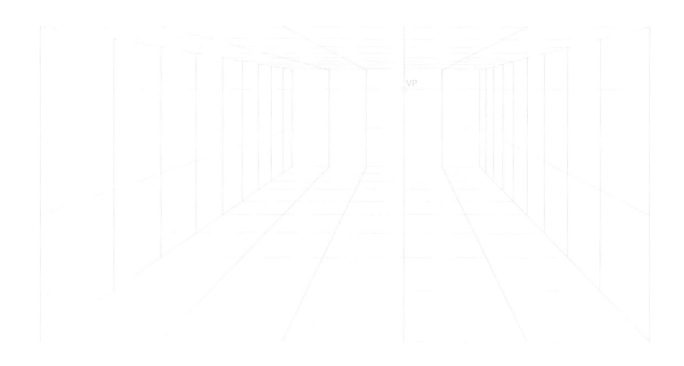

VP

STEP1　グリッドを描きます

①前ページの要領で、1消点パースのグリッドを作成します。このグリッドは、一番手前のラインで1/30となっていますので、幅や高さは、
　この一番手前のラインで測って下さい。

　※上図の場合、部屋の間口（幅）が5,000mm、奥行が9,000mmのグリッドですが、部屋の広さが異なる場合は、VP（消点）はそのま
　　まにして、奥行を縮めたり伸ばしたり、間口を手前のラインで測って縮めたり伸ばしたりして活用して下さい。

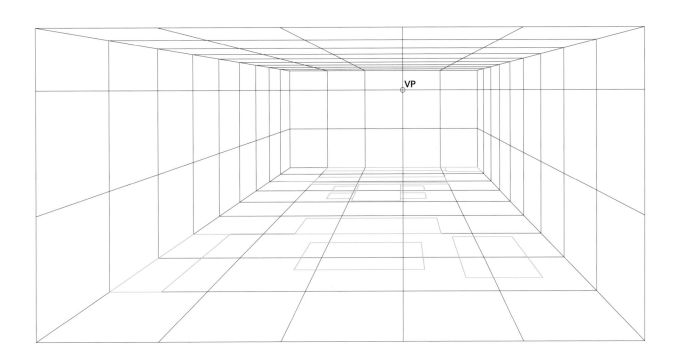

VP

STEP2　床面に家具や設備の位置を描きます

①床面に椅子やテーブル、TVボード、キッチンなどの形状を描きます。正確に描く方法もありますが、ここでは、一つのグリッドが1,000mm
　×1,000mmとして、大体の位置で描いていきます。
　※円形のテーブルやラグマットなども、その外側の四角形を描いて、その中に円形を描きます。
　※部屋の奥へ行くほど、奥行の1,000mmがとても小さくなるので、そのつもりで描きましょう。

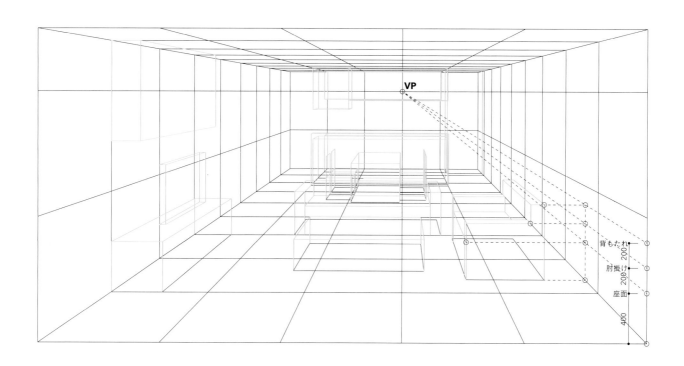

VP

背もたれ
肘掛け
座面

200
200
200
400

STEP3　家具の高さをとって立方体を描きます

①床面の家具の四角形の四つの角から垂直に上に極細線を引きます。

②床面の家具の四角形の手前のラインを壁まで引いて、床と壁の交点に印をつけ、その点から垂直に極細線を引きます。

③その家具の高さを一番手前の垂直線で床から寸法を取ります。この図では、1/30の三角スケールを用います。

④その高さの点とVP（消点）を極細線で結んで、②の垂直線との交点に印をつけます。

⑤その点から、家具の手前の二つの角から引いた垂直線と結びます。

⑥その交点からVP（消点）と結び、家具の奥の垂直線と交差させて、家具の四つの垂直線に高さをとって結んで立方体を作ります。

※中央のソファの背もたれは低くしています。

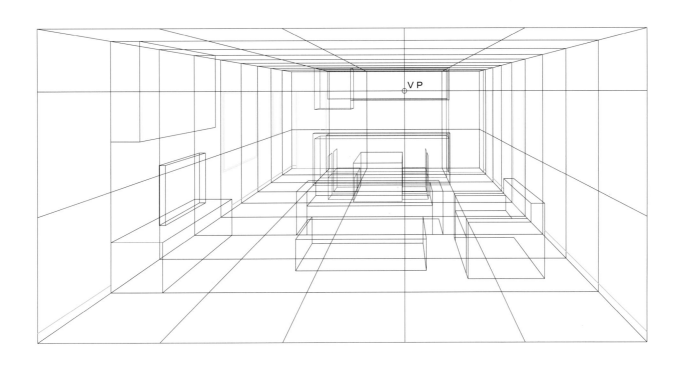

VP

STEP4　壁にある建具（窓やドア）、壁面装飾（額絵や時計など）を描きます

①窓やドアを平面図の位置と合わせて幅をとって、高さは1/30の三角スケールで、一番手前の垂直線で床から寸法を取ります。

②その高さの点とVP（消点）を極細線で結んで、建具の高さラインを引きます。

③家具の置いていない壁には、床から80mm程度に幅木のラインを描きます。

④その他、壁面にある額絵や時計も描きますが、高さに比べて奥行がとても小さくなっているので、注意しましょう。

⑤カーテンやブラインドなどを描く場合も、このステップで描きます。

STEP5　天井にある照明器具などと床のフローリングラインを描きます

①天井の照明器具（シーリングライト、ダウンライト、ペンダントライト）を位置とサイズを確認して描きます。

　※このパースでは、視点の高さを2,000mmと高めに設定しています。そのため、特に天井面の奥行が小さいので、そのつもりで描きましょう。

　※ペンダントライトの下面は床から1,500mm程度で描きましょう。

②消点VPと結び、家具の置いていないところに、床のフローリングラインを描きます。

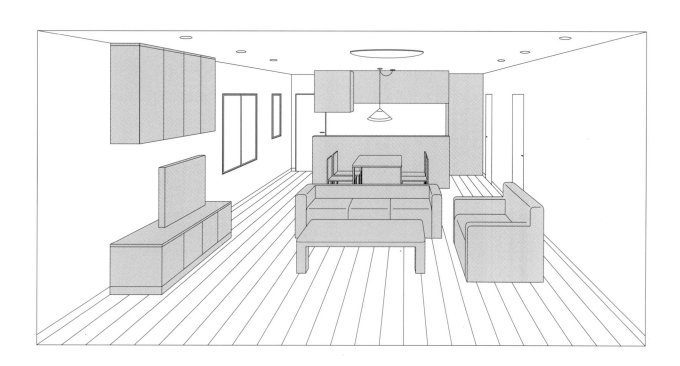

STEP6　立方体の中に家具や設備の形状をスケッチします

①前のステップで描いた立方体の中に、置かれる家具やキッチンなどをスケッチとして描きます。

②外形に加えて、棚などはその厚みも表現し、ソファやベッドなど柔らかいものは丸みを表現します。

③奥に置かれている家具は、手前の家具で隠れるため、手前の家具から描いていき、奥の家具は見えるところだけ描きます。

3-5 2消点パース

2消点パースとは、インテリア製図の場合、二つの壁のコーナーを真ん中にした構図で描くもので、床と天井、コーナーの左右の壁面が見えるため、部屋の一部の様子が分かります。リビングルームのソファが置かれているコーナーなどを重点的に描きます。構図の中心にあるコーナーが最も遠い距離にあるため、左右の壁面ともに別の方向に遠近感が生まれ、二方向に二つの消点が存在します。2消点パースには、二つの壁を均等に視点とそれぞれの壁を45°に傾けて描く「45°法」と、二つの壁を視点とそれぞれの壁を30°と60°に傾けて描く「30°-60°法」があります。視点が近いと手前の方が歪むので、できるだけ大きめの用紙を準備して、壁と視点を離

すと、歪みなく描くことができます。

製図手順としては、描きたいコーナー部分の平面図を用意して、その範囲にある家具等を、二つの消点に線を結ぶようにしてパースの床に描きます。床面に家具の形が描けたら、基準となる壁ラインで高さをとって、家具を立体化していき、でき上がった立方体の中に、家具の形をスケッチし、壁面には窓やドアを、天井には照明器具を描いて完成です。

紙面の都合で、図面を90度回転していますので、テキストを横にして見てください。

技能検定では、パースが出題される際には、予めグリッドが描かれていますので、家具等を配置し、二つの消点を用いて簡単に描くことができます。

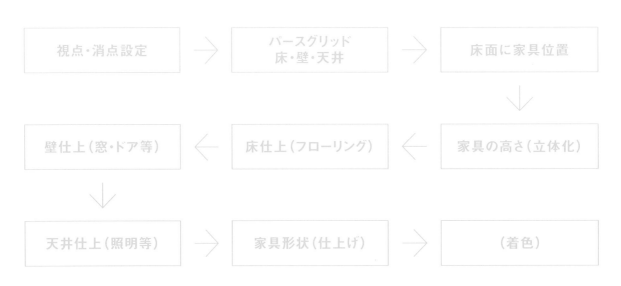

●2消点パースの製図手順

作図範囲を決め、視点や消点を設定し、作図法に基づきパースグリッドを描きます。床面に家具の位置を描き、高さをとって立体化します。その中に家具形状を仕上げ、床（フローリング等）、壁（建具）、天井（照明）を描きます。

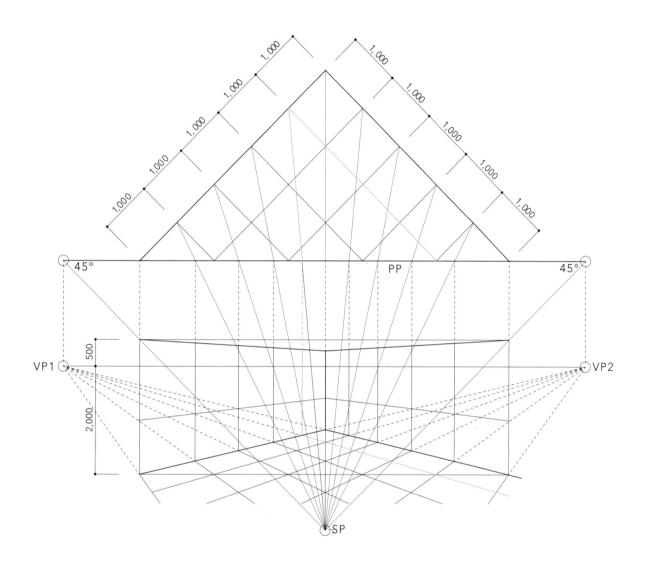

●45°法による2消点パースのグリッド作成

- 水平線（PP）を描いて、その上に45°に傾けて平面図を描きます。左右の2面の壁に囲まれた空間を描きます。
- 平面図の下方、5〜7m程度離れたところに、立ち位置であるSP（スタンディングポイント）を任意にとります。
- 平面図の両端から垂直線を下に伸ばし、任意の位置に床、目線、天井ラインの水平線を描き、部屋となる四角形を描きます。
- SPから45°の線を右上と左上に引き、PPとの交点から垂直線を引き、目線（2,000mm）との交点をVP1、VP2（消点）とします。
- 床と天井ラインの両端とVP1、VP2（消点）を結んで、中央の壁コーナー線で合わせて空間を描きます。
- 空間の奥行は、平面図の奥行点とSPを結んだ線がPPと交差した点から垂直線を下におろし、床-壁ラインに印をつけます。
- その点とVP1、VP2を結んで、床上に線を伸ばしグリッド描きます。　※1,000mmグリッドとしています
  　※1消点パース同様、ここでは、部屋のイメージを伝える図として、壁の厚さ（80mm）を誤差として扱っています。

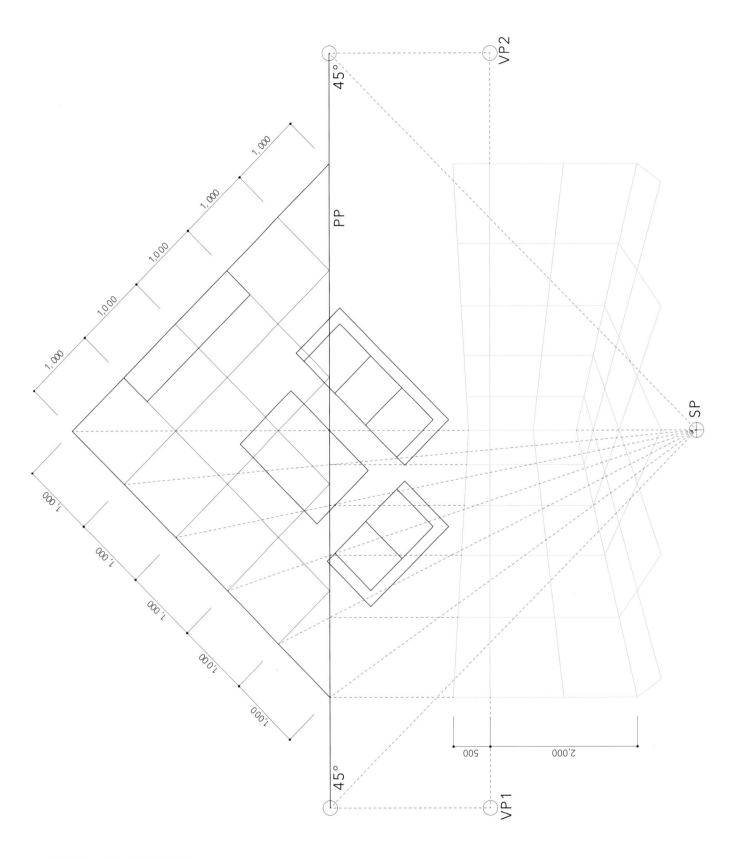

STEP1　グリッドを描きます

①前ページの要領で、2消点パースのグリッドを作成します。このグリッドは、一番手前の壁ラインで1/50となっていますので、高さは、この一番手前のラインで測って下さい。

※上図の場合、作図範囲が左右の壁幅が5,000mmと5,000mmのグリッドです。中央でPPラインを少し超えた範囲くらいを描きますが、左右両端に近い範囲は、作図が大きく歪むこともあるので、その場合はSPやVPを離すと良いでしょう。

※部屋の広さが異なる場合は、前ページの要領で、平面図を準備して、自分で作図して下さい。

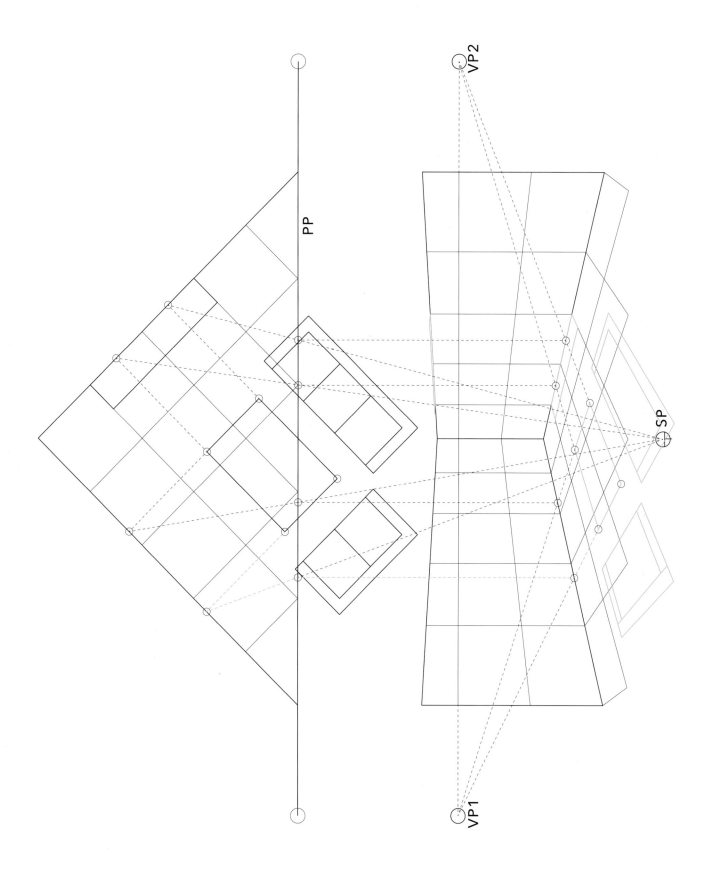

STEP2　床面に家具や設備の位置を描きます

①床面にソファやテーブルなどの形状を描きます。（天井面にもTVボードの吊り棚の位置を描いています）

②平面図にある家具の外形線をそれぞれ左右の壁に垂直なるように引いて、壁ライン上に点をとります。

③その点とSPを結んで、PPと交差した点から垂直線をおろし、左右それぞれの床-壁ラインに印をつけます。

④VP1と左の床-壁ラインの点を結んで、床面に線を伸ばします。VP2と右の床-壁ラインの点も同様に、床面に線を伸ばします。

⑤上記の交差する線を家具の形状に合わせて、線をつなぎます。

　　※円形のテーブルやラグマットなども、その外側の四角形を描いて、その中に円形を描きます。

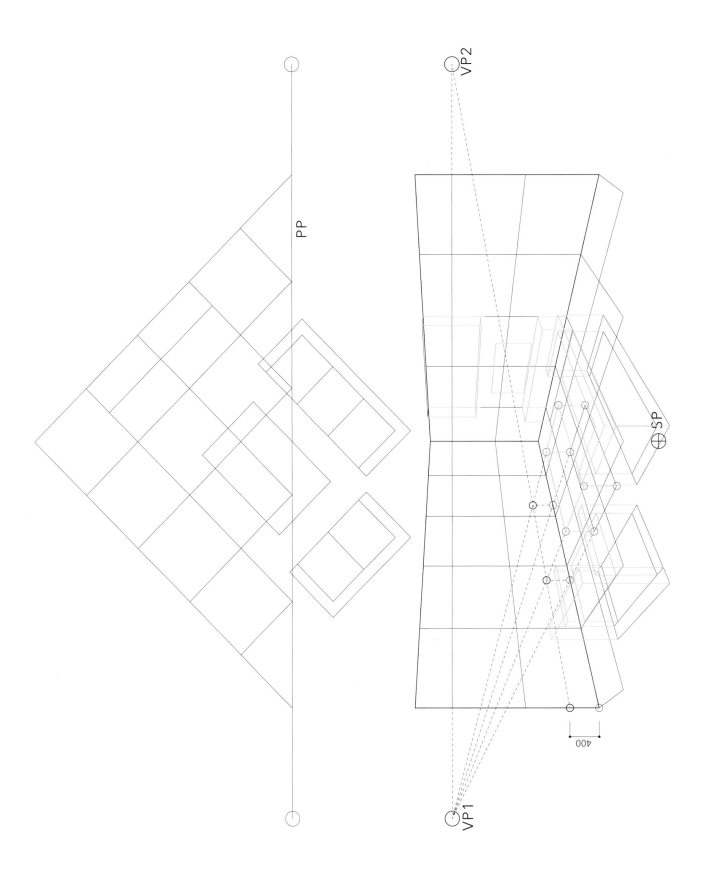

STEP3　家具の高さをとって立方体を描きます

①床面の家具の4隅から垂直に上に極細線を引きます。

②家具のラインを左（または右）の壁までVP1（消点）（右はVP2）、床と壁の交点に印をつけ、その点から垂直に極細線を引きます。

③その家具の高さを一番手前の垂直線で床から寸法を取ります。この図では、1/50の三角スケールを用います。

④その高さの点とVP2（右はVP1）を極細線で結んで、②の垂直線との交点に印をつけます。

⑤VP1（右はVP2）とその点を結んで伸ばして、②の家具ラインを引いた角から立ち上げた垂直線の間を極細線で結びます。

⑥その高さの点からVP2（右はVP1）と結び、残りの角から立ち上げた垂直線の間を極細線で結び、立方体を作ります。

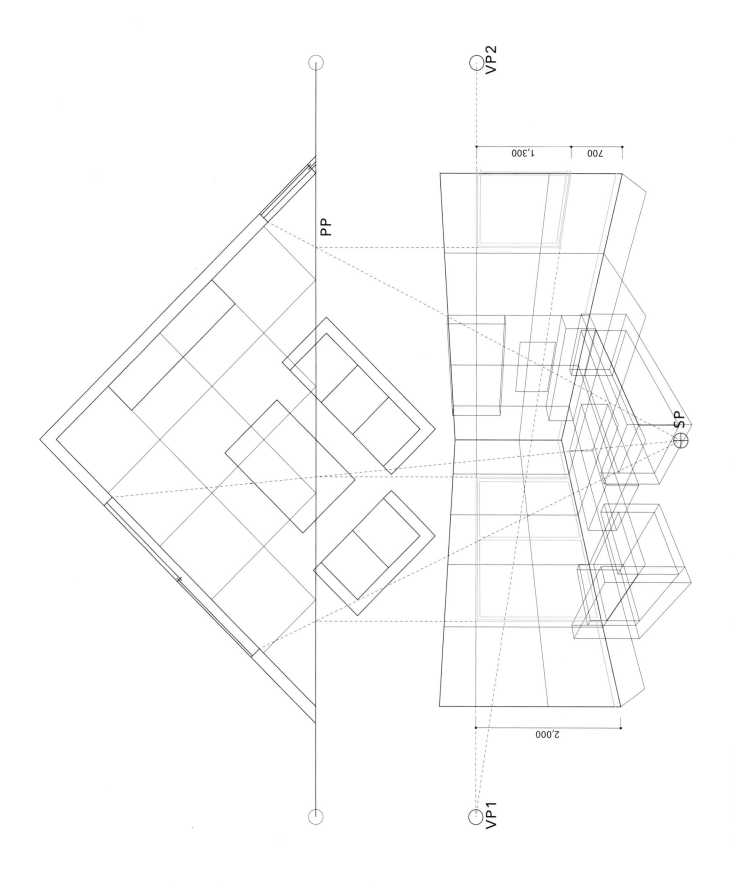

VP2

1,300
700

PP

SP

2,000

VP1

STEP4　壁にある建具（窓やドア）、壁面装飾（額絵や時計など）を描きます

①窓やドアの両端の位置（壁ライン上の点）をとります。

②その点とSPを結んで、PPと交差した点から垂直線をおろし、左右それぞれの床-壁ラインに印をつけます。

③窓やドアの高さを一番手前の垂直線で床から寸法を取り、左壁ではVP2（右はVP1）と結んで高さをとり、窓形状などを仕上げます。

④家具の置いていない壁には、床から80mm程度に幅木のラインを描きます。

⑤その他、壁面にある額絵や時計も描きます。グリッド寸法（ここでは1,000mm）を参考に描きましょう。

⑥カーテンやブラインドなどを描く場合も、このステップで描きます。

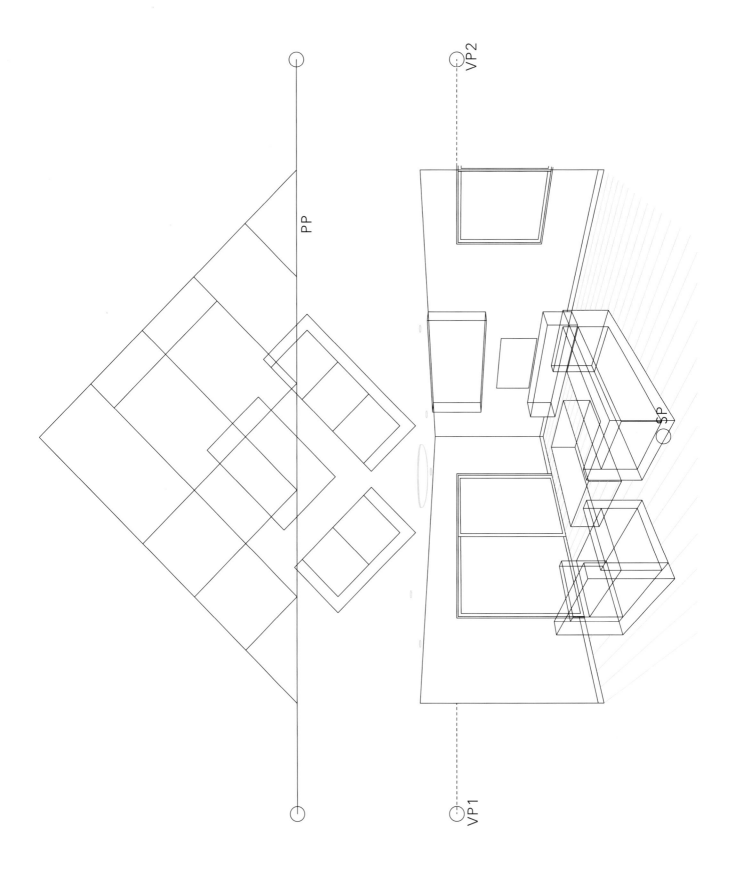

PP

VP2

SP

VP1

STEP5　天井にある照明器具や床のフローリングラインなどを描きます

①天井の照明器具（シーリングライト、ダウンライト）を、位置とサイズを確認して描きます。

　※このパースでは、視点の高さを2,000mmと高めに設定しています。そのため、特に天井面の奥行が小さいので、そのつもりで描きましょう。

②床のフローリングラインを流れに沿って、ここでは、VP1と床-壁ラインの点を結んで、床面に線を伸ばします。

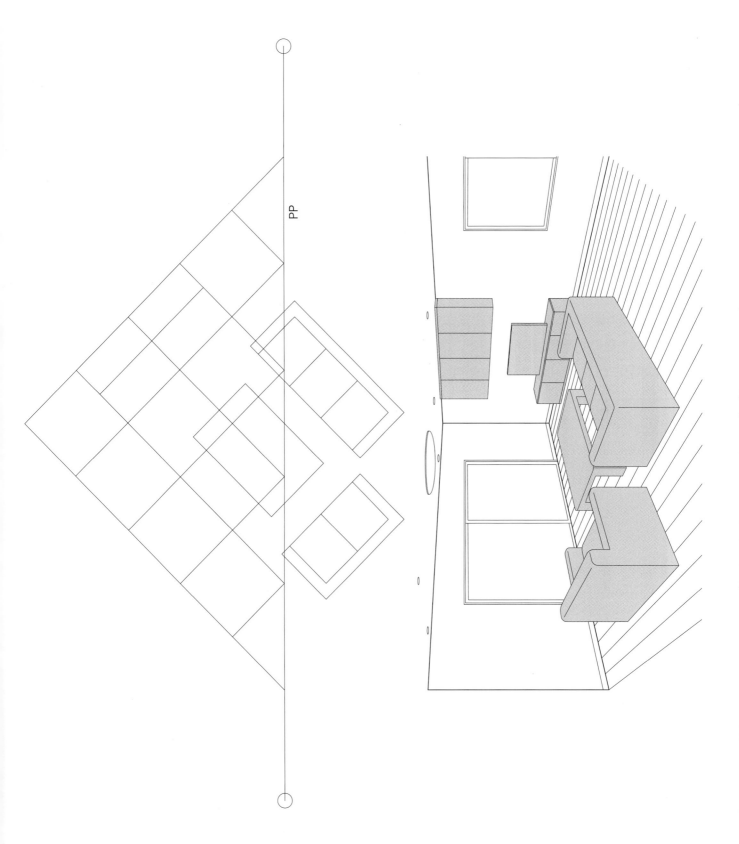

PP

STEP6　立方体の中に家具や設備の形状をスケッチします

①前のステップで描いた立方体の中に、置かれる家具などをスケッチとして描きます。

②外形に加えて、棚などはその厚みも表現し、ソファやベッドなど柔らかいものは丸みを表現します。

③奥に置かれている家具は、手前の家具で隠れるため、手前の家具から描いていき、奥の家具は見えるところだけ描きます。

アイソメ図は、斜め上方から部屋を見下ろして二つの壁と床面を描くために、部屋の全体を表現することができます。床と壁、部屋に置かれる家具等も、全て120°で幅・奥行・高さ方向を定め、決まった縮尺で寸法をとって描きます。隣の部屋や廊下なども連続して描くことで、住宅全体を表現することも可能です。このような立体表現全般を、軸測投影（アクソメ）図といい、そのうち、三つの軸を等角（120°）で描くものを等角投影（アイソメ）図といいます。インテリア製図では、見た目が自然に近いアイソメ図が多く用いられます。アクソメ図は、平面図の角度（90°）のまま描いて表現します。

製図手順としては、パースグリッドを使用して描いていきます。平面図の床に置かれている家具等を、パースの床に描いていきます。アイソメ図には消点が無いため、グリッドに平行に置かれている矩形の家具は、120度と60度の平行四辺形で描きます。斜めに置かれている家具や複雑な形状の家具は、各点をとって結びます。床面に家具の形が描けたら、高さをとって立体化し、家具の形をスケッチして、壁面に窓やドアを描いて完成です。

インテリアデザイン技能検定では、アイソメ図が出題される際には、予めグリッドが描かれていますので、家具等を配置し、簡単に描くことができます。

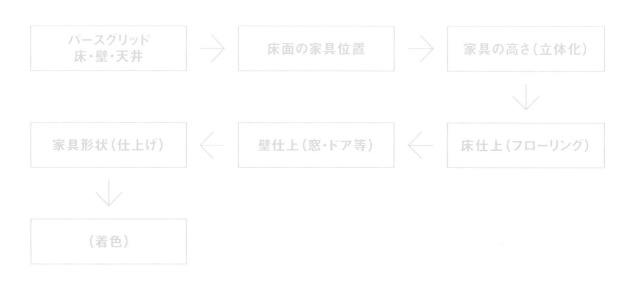

●アイソメ図の製図手順
作図範囲を決め、作図法に基づきパースグリッドを描きます。床面に家具の位置を描き、高さをとって立体化します。その中に家具形状を仕上げ、床と壁2面（建具）描きます。

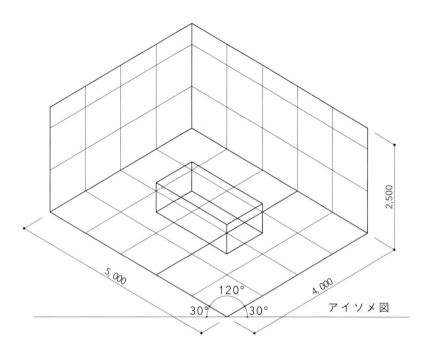

2,500

5,000

4,000

120°

30° 30°

アイソメ図

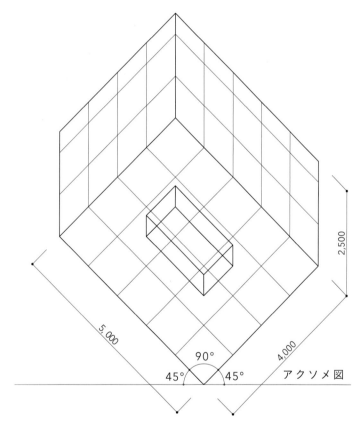

2,500

5,000

4,000

90°

45° 45°

アクソメ図

● アイソメ図のグリッド作成

【アイソメ図】

・定めた縮尺で床面を、水平線から30°ずつ傾けて、120°と60°のコーナー角で床を描きます。

・垂直に高さをとって、2面の壁を描きます。

・床、壁それぞれ、1,000mmのグリッドラインを、極細線で描きます。

　※1消点パース同様、ここでは、部屋のイメージを伝える図として、壁の厚さ（80mm）を誤差として扱っています。

【アクソメ図】

・定めた縮尺で床面を、ここでは、水平線から45°ずつ傾けて、90°の角度で床を描きます。　※作図済みの平面図を用いても構いません。

・あとの作成手順は、アイソメ図と同じです。

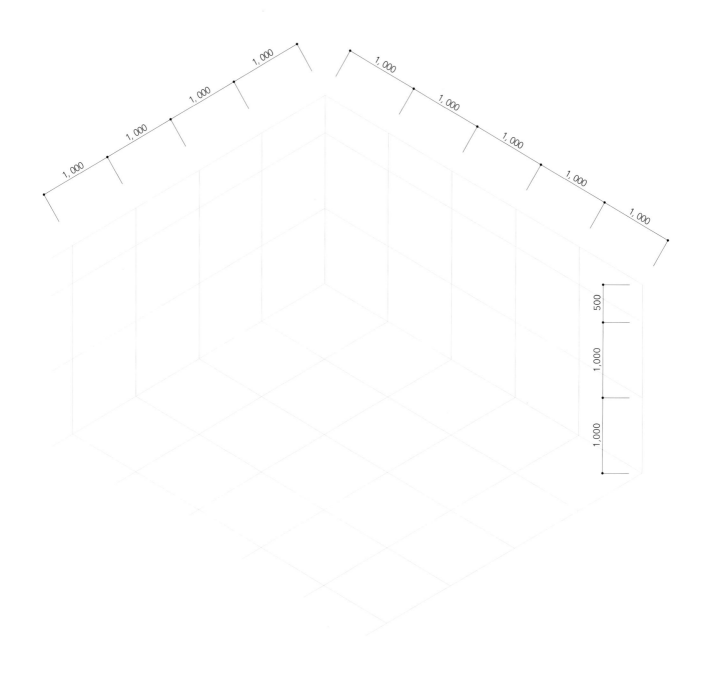

STEP1　グリッドを描きます（方眼紙などに作図する場合は不要）

①定めた縮尺（ここでは1/50）で、水平線から30°ずつ傾けて、120°と60°のコーナー角で床を、極細線で描きます。

②垂直に天井高さをとって、2面の壁を描きます。

③床、壁とも1,000mmのグリッドラインを、極細線で描きます。

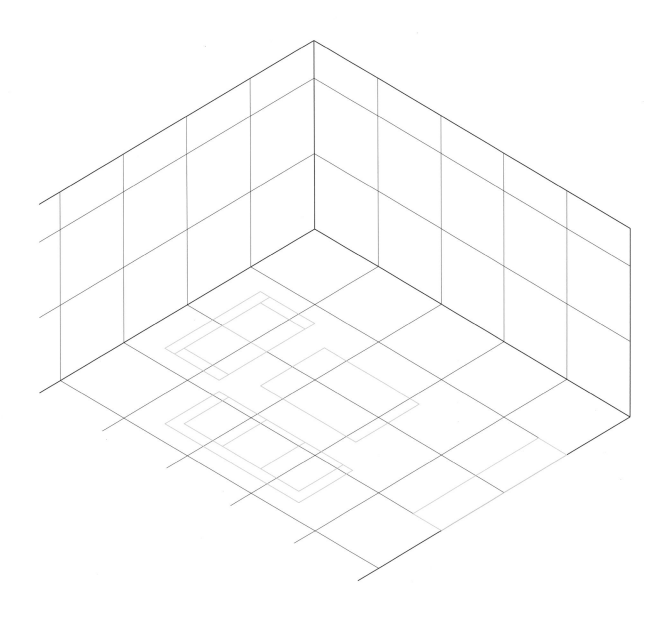

STEP2　床面に家具や設備の位置を描きます
①床面にソファやテーブルなどの形状を、120°と60°のコーナー角で描きます。

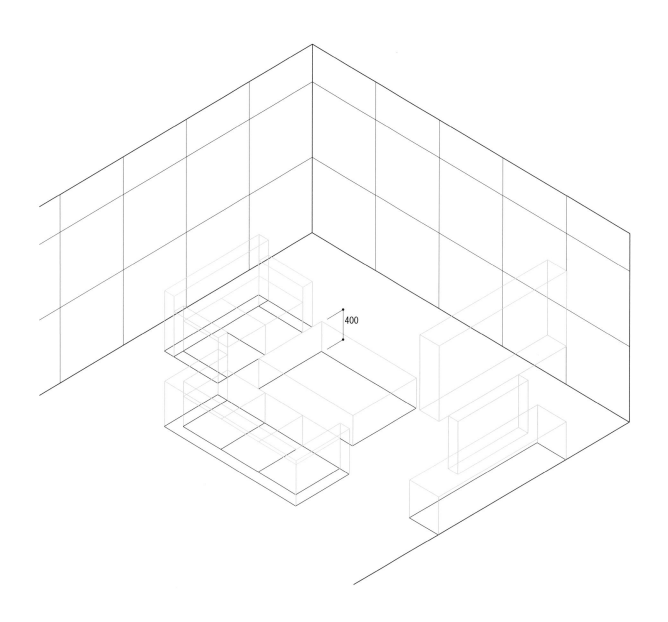

400

STEP3　家具の高さをとって立方体を描きます（ここで、STEP1のグリッド線は省略します）
①床面の家具の4隅から垂直に上に極細線を引きます。
②家具の高さを1/50で垂直にとって、その点をつないで、家具の立方体を仕上げます。

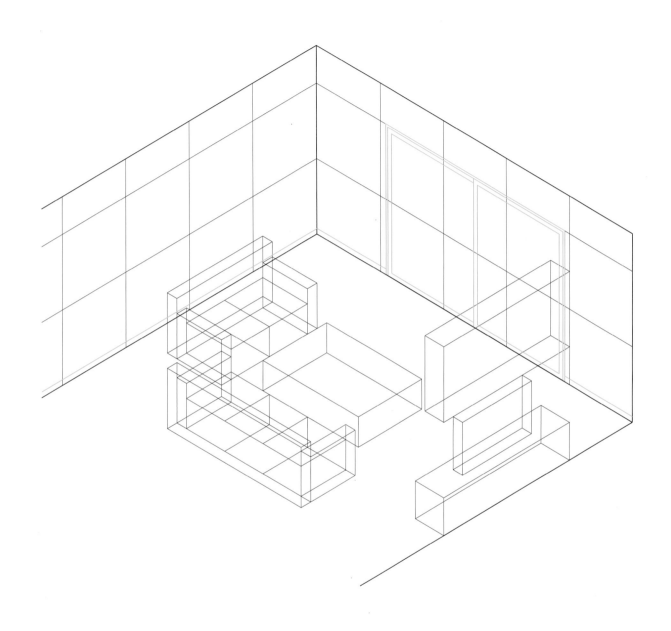

STEP4　壁にある建具（窓やドア）、壁面装飾（額絵や時計など）を描きます

①窓やドアを平面図の位置と合わせて幅をとって、高さも1/50でとって、建具の形状を描きます。

②家具の置いていない壁には、床から80mm程度に幅木のラインを描きます。

③カーテンやブラインドなどを描く場合も、このステップで描きます。

④その他、壁面にある額絵や時計も描きます。

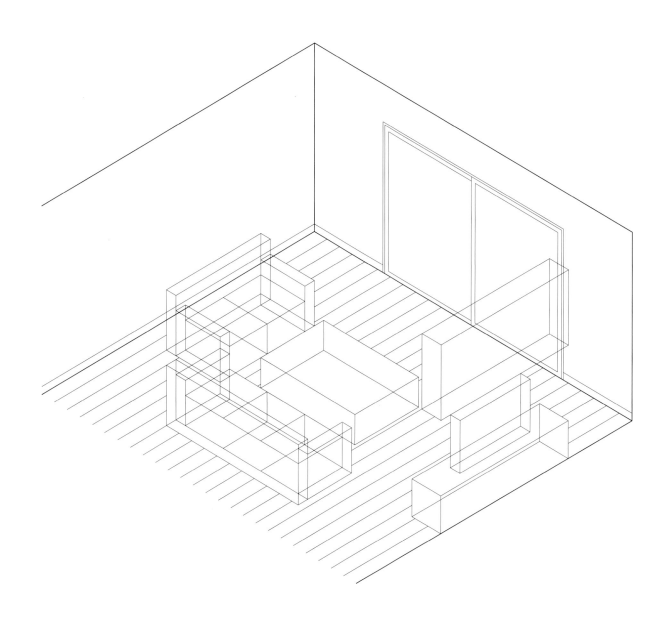

STEP5 床のフローリングラインなどを描きます
①床のフローリングラインなどを見える部分だけ描きます。

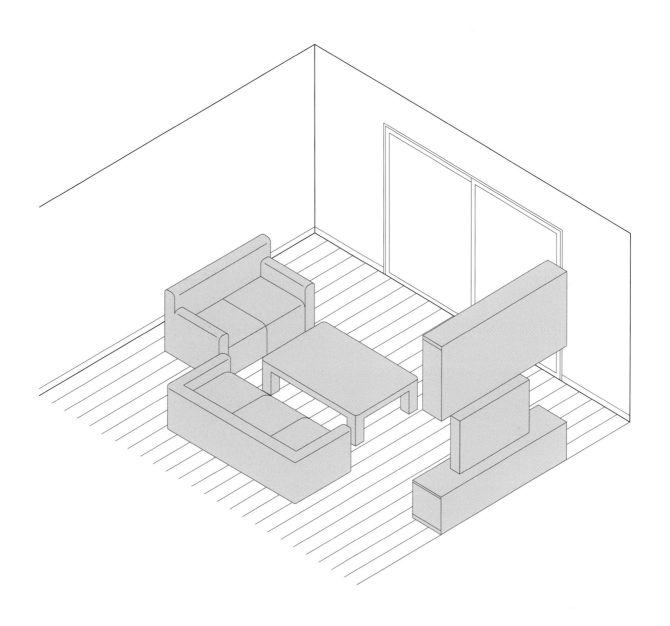

STEP6　立方体の中に家具や設備の形状をスケッチします

①前のステップで描いた立方体の中に、置かれる家具などをスケッチとして描きます。

②外形に加えて、棚などはその厚みも表現し、ソファやベッドなど柔らかいものは丸みを表現します。

③奥に置かれている家具は、手前の家具で隠れるため、手前の家具から描いていき、奥の家具は見えるところだけ描きます。

3

インテリアデザイン技能検定の例題演習

20xx年度

インテリアデザイン技能検定
課題用紙

（試験時間　180分）

■試験上の注意

1. 受験票は, 机の上の見やすい場所に, 置いてください。

2. 試験中に使用できるものは, シャープペン, 鉛筆, 色鉛筆, 鉛筆削り, 消しゴム, 字消し板, 直定規, 三角定規, 円定規（円型のみ）, テンプレート（検定事務局指定）, 三角スケール, 製図用ブラシで, それ以外のものは使用できません。使用する道具類は, 全てケース等から取り出して（ケース等はしまって）, 机の上に置いて下さい。

3. スマートフォンや携帯電話は, 必ず電源を切って, バッグ等にしまって下さい。

4. 時間を表示する機能のみの時計（腕時計, 置き時計）は, 使用できます。

5. 課題用紙と解答用紙, 下書き用紙があるか確認し, 不足している場合は挙手し, 試験監督に申し出てください。試験開始後に, 各用紙に印刷上の汚れやカスレがある場合も挙手し, 試験監督に申し出てください。

6. 課題用紙と解答用紙, 下書き用紙の全てに, 受験番号と氏名を記入して下さい。試験後に, 課題用紙と解答用紙, 下書き用紙を回収します。

7. 試験内容の質問には, お答えできません。

8. 試験開始後は, 途中退室することができません。試験中に気分が悪くなったり, トイレに行きたくなった場合は挙手し, 試験監督に申し出てください。その他は, 試験監督の指示にしたがって下さい。

［課題I　インテリア製図］

テーマ『キッチン・ダイニング・リビングのインテリアデザイン』

都市近郊の戸建住宅のキッチン・ダイニング・リビングのインテリアデザインを依頼されました。下記の条件に基づき,依頼主に提案するインテリアデザインの図面を作成してください。

1. 依頼主の家族構成

・40歳代夫婦と,小学生の子どもが2人の4人家族である。

・夫は,メーカーで働く会社員で,カメラが趣味である。

・妻も,金融機関で働く会社員で,お菓子作りなど料理が趣味である。

・小学生の姉妹は,ピアノを習っていて,自宅でも練習に励んでいる。

・時々,近くに住む夫婦の父母が食事に来ることがある。

2. 計画する空間の条件

・木造の戸建住宅の1階部分である。この4,550mm×8,190mm（910mmモジュール）の広さの空間を,キッチン・ダイニング・リビングとしてデザインする。

・壁及び開口部の位置・形式等は,図Iに示すとおりで,変更することはできない。

・空間の南側の敷地は,自己の庭としているため,広がりがある。

・電気及び給排水工事も併せて行うため,その制限は考えなくてよい。

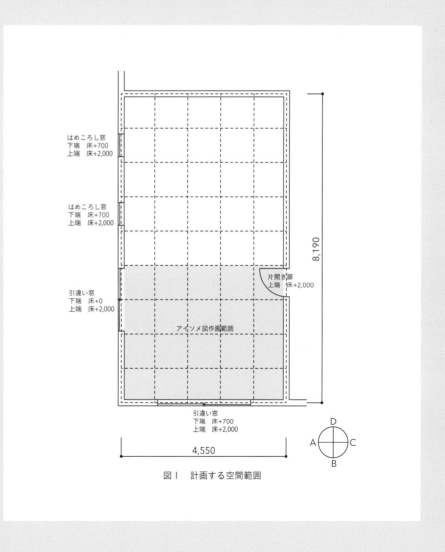

図I　計画する空間範囲

3. 依頼主の要求

・対面式のキッチンにしてほしい。
・大型冷蔵庫, オーブンレンジを置くスペースがほしい。
・食器をたくさん有しているため, その収納スペースがほしい。
・ダイニングテーブルは, 6人が座れるようにしてほしい。
・3人掛けのソファと, イージーチェアを1脚, センターテーブルを置きたい。
・50インチ程度のテレビを置くローボードがほしい。
・アップライトピアノを置いてほしい。
・インテリアグリーンを2〜3鉢置きたい。
・ダイニングまたはリビングルームの壁面に, 写真作品のパネルを飾りたい。
・インテリアスタイルは, ナチュラルテイストにしてほしい。
・照明器具は, スペースにあったものを選び, フロアスタンドなどの間接照明もほしい。

4. 作成する図面・文章

設問-1 インテリア平面詳細図 (1/50) の作成

解答欄1に, グリッドに沿って, キッチン・ダイニング・リビングの平面詳細図を作成し, 色鉛筆で着色すること。床に置かれている家具や床材等は全て描いて, その名称を記入すること。壁や天井の仕上げ材料, ウィンドウトリートメント, 天井や壁に設置された照明器具等の描画 (記入) はしなくてよい。また、コンセント等の電気設備も描画しなくてよい。

設問-2 インテリアデザインのコンセプト

解答欄2に, デザインコンセプト (意図やテーマ) を200字以内で書くこと。

設問-3 インテリア展開図 (1/50) の作成

解答欄3に, グリッドに沿って, 平面図 (図Ⅰ) キープランA壁面の展開図を作成し, 色鉛筆で着色すること。開口部や壁に沿って置かれている家具 (壁から離れているものを除く) 等は全て描いて, その名称と, 壁や天井の仕上げ (下地) 材料を記入すること。ウィンドウトリートメントは, 適宜描いてもよい。

設問-4 インテリアパース (1/50) の作成

解答欄4に, グリッドに沿って, 平面図 (図Ⅰ) キープランB—C壁面方向のアイソメ図を作成し, 色鉛筆で着色すること。床に置かれている家具等や開口部, 壁に取り付けられたものは全て描くこと。名称は記入しなくてよい。

［課題Ⅱ　インテリア自由表現］

設問-5 テーマ『愛するイス』

・解答欄5に, テーマに沿って, イラストや文字などを用いて, 自由に表現すること。
・解答は, 解答用紙の枠内に描き, 枠外にはみ出さないこと。
・着色の有無は自由であるが, 着色は色鉛筆のみで行うこと。
・表現したい内容を, 他者への伝わりやすさを配慮して作成することが望ましい。

設問-2 インテリアデザインのコンセプト　　　　※紙面の都合で、解答欄の順序を変更しました。

解答欄2に、デザインコンセプト（意図やテーマ）を200字以内で書くこと。

解答欄2

設問-5 テーマ『愛するイス』　　　　※紙面の都合で、解答欄の順序を変更しました。

解答欄5

設問-1　インテリア平面詳細図（1/50）の作成

8,190

4,550

解答欄1

設問-3 インテリア展開図（1/50）の作成

A壁面

2,500

8,190

解答欄3

設問-4 インテリアパース（1/50）の作成

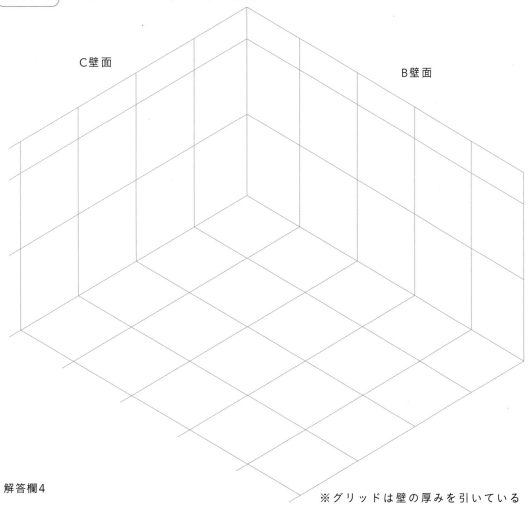

C壁面

B壁面

解答欄4

※グリッドは壁の厚みを引いている

設問-1 インテリア平面詳細図（1/50）の作成

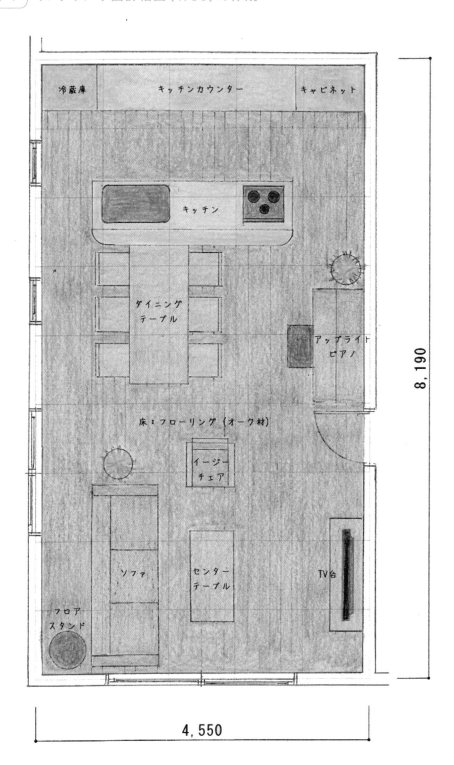

（ポイント）解答用紙のグリッド（壁芯）から80mmずつとって壁を描きます。開口部（窓やドア）の寸法は、問題用紙の平面図（1/100）を参考に描きます。

今回の課題では、対面式キッチンの要望があるため、収納等を壁際にワークトップを部屋側に設置します。キッチンのワークトライアングルや検討し、冷蔵庫、シンク、コンロを配置します。キッチンの奥行や作業スペースを適切なサイズで設置します。

ダイニングテーブルは6人掛け、ソファ3人掛け、イージーチェア、アップライトピアノ、テレビボードなどを配置しますが、それぞれのおよそのサイズを把握しておきましょう。また、動作空間として、通行に支障が無いよう家具や壁の間に450〜700mmのアキをとっておきましょう。要望のあるフロアスタンドや観葉植物も忘れないように描きましょう。

色彩計画は、あまり多くの色を用いず、今回は、ナチュラルスタイルの色調でまとめてあります。

設問-3 インテリア展開図（1/50）の作成

A壁面

天井：アクリル塗装 （プラスターボード下地）

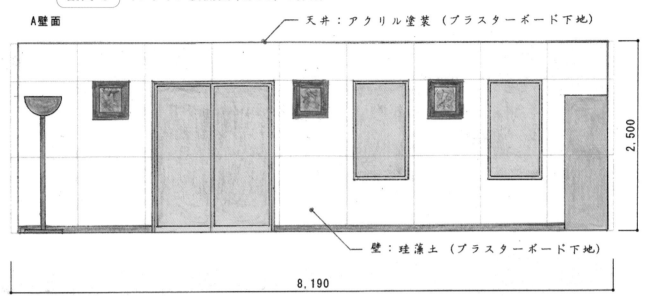

2,500

壁：珪藻土 （プラスターボード下地）

8,190

（ポイント）
壁ラインはグリッドから80mmとりましょう。問題用紙の平面図（1/100）を参照して、窓のサイズと形式を正しく描きましょう。
幅木（80mm）を表現し、壁仕上げ（下地）と天井仕上げ（下地）をインテリアスタイルに合わせて記入しましょう。
右端の冷蔵庫側面や左のフロアスタンドなど壁に近いものは、イメージを伝えるために、できるだけ描きましょう。

設問-4 インテリアパース（1/50）の作成

C壁面

B壁面

（ポイント）
指定されているアイソメ
図の範囲を間違えないように、
描く範囲を確認します。アイソメ図
の寸法はそのまま測ることができるので
縮尺に気をつけて、家具類と開口部（窓とドア）
を描きましょう。
平面詳細図でレイアウトした家具と位置が異なることの
ないようにグリッドで確認しながら描きます。着色は、提案
している色調が分かるように、濃くしっかりと塗りましょう。

※グリッドは壁の厚みを引いている

壁	際	に	冷	蔵	庫	と	収	納	、	作	業	カ	ウ	ン	タ	ー	を	確	保	し	、	対	面	式
の	2	ウ	ェ	イ	キ	ッ	チ	ン	と	し	ま	し	た	。	リ	ビ	ン	グ	空	間	に	は	、	モ
ス	グ	リ	ー	ン	の	ソ	フ	ァ	と	イ	ー	ジ	ー	チ	ェ	ア	を	並	べ	ま	し	た	。	床
材	は	明	る	い	色	調	の	フ	ロ	ー	リ	ン	グ	で	、	テ	ー	ブ	ル	や	家	具	類	は
さ	ら	に	明	る	い	木	地	を	活	か	し	た	色	調	で	、	ナ	チ	ュ	ラ	ル	テ	イ	ス
ト	と	し	ま	し	た	。	壁	材	は	、	珪	藻	土	と	し	て	、	自	然	・	健	康	志	向
を	提	案	し	ま	し	た	。	ピ	ア	ノ	を	聴	き	な	が	ら	、	写	真	作	品	を	見	て
家	族	の	コ	ミ	ュ	ニ	ケ	ー	シ	ョ	ン	が	深	ま	る	空	間	と	し	ま	し	た	。	

（ポイント）コンセプトの文章は、インテリアデザインの機能面とデザイン面について書きましょう。使いやすさ、空間や家具の素材、色調、インテリアスタイルなど、こだわった点を簡潔な文章で表現しましょう。また、図面に表せないことがあれば、ここに書いておきましょう。

（ポイント）自由表現のテーマは、予め試験前に示されます。テーマに沿って情報収集するなどの準備をしておきましょう。
　　　　　「イス」がテーマであれば、デザイナーズチェアや、アンティーク、自宅にある座り心地の良いイス、どのようなイスでも良いので、自由に表現しましょう。イラストでも文章でも、得意な表現することができます。
　　　　　この課題は、表現力、伝達力、知識力、想像力などのスキルとともに、インテリアへの想いや感性をポイントとして加点します。検定の総得点のうち、10％程度の配点としますが、必ず回答してください。

3-1 検定試験の概要

インテリアデザイン技能検定は、主に住まいの空間を対象として、インテリアの必要知識を習得した上で、平面図や展開図、透視図などを、正確かつ手早く描くことのできる技能を、客観的に認定するために設けられたものです。
本検定は、一般社団法人日本室内意匠協会により実施されます。

試 験 日	毎年12月頃（年に1回）
受験資格	どなたでも受験できます。 （日本語による出題・回答です）
試験会場	東京ほか（認定校会場あり）
出題範囲	インテリアデザインの製図による表現とし、回答用紙に手描きで、図面と文字を仕上げます。色鉛筆により着色することもあります。インテリアに関する自由表現の設問もあります。
試験時間	180分
製図用具	シャープペン、消しゴム、直定規（30cmまで）、三角定規、三角スケール、テンプレート（検定事務局指定）、円定規、コンパス、字消し板、製図用ブラシ、色鉛筆、小型鉛筆削り　など
受験申込	インターネットにて申込み後、受験料を銀行振込してください。 確認後に、メール返信いたします。申込み期間終了後に、メールにて受験票を送付いたします。それを印刷して試験会場にお持ちください。
申込み期間	8月〜10月頃
合格発表	試験の翌2月頃 合格後、登録料納付により協会に認定され、合格証が交付されます。
詳　　細	インテリアデザイン技能検定のホームページを参照してください。 https://interiordesigns.jp/

参考・引用文献

「完全図解インテリアコーディネートテキスト」
　尾上孝一・小宮容一・妹尾衣子・安達英俊著, 井上書院, 2001年
「コンパクト建築設計資料集成（住居）第2版」
　日本建築学会編, 丸善出版, 2006年
「住まいとインテリアデザイン」
　住まいとインテリア研究会編著, 彰国社, 2007年
「インテリア計画の知識」
　渡辺秀俊編, 彰国社, 2008年
「初めて学ぶ建築製図」
　建築のテキスト編集委員会編, 学芸出版社, 2008年
「初学者の建築講座編修委員会（建築製図）第3版」
　瀬川康秀著, 市ヶ谷出版, 2008年
「最新版素敵なインテリアの基本レッスン」
　主婦の友社編, 主婦の友社, 2008年
「インテリアの基本がわかる本」
　エクスナレッジ, 2011年
「インテリアデザイン教科書第二版」
　インテリアデザイン教科書研究会編著, 彰国社, 2011年
「たのしい食卓」
　大西一也・こうち恵見著, 電気書院, 2012年
「リビングとソファのレシピ」
　グラフィック社編集部編, グラフィック社, 2013年
「はじめてのインテリア製図合格する図面の描き方第4版」
　星野智子著, ハウジングエージェンシー出版局, 2013年
「超図解で全部わかるインテリアデザイン入門」
　Aiprah著, エクスナレッジ, 2014年
「キッチンとダイニングのレシピ」
　グラフィック社編集部編, グラフィック社, 2014年
「初歩からの建築製図」
　藤木康介・柳沢究著, 学芸出版社, 2015年
「インテリアの百科事典」
　日本インテリア学会編, 丸善出版, 2016年

おわりに

現在、インテリアデザインを勉強している方も、これから勉強を始める方も、自分だけで勉強していくことは、なかなか難しいかもしれません。本書がそのお手伝いをさせていただければ幸いです。

本書におけるインテリアの知識は、インテリア製図を描くために求められる内容に絞られています。興味のあった分野については、さらに専門書や雑誌で学びを深めて下さい。製図の手順も、紙面の都合上、割愛しているところもあり、初学者にとっては分かりにくい部分もあったと思います。製図は、まずは、実際に描いてみて下さい。正しく完璧に描くことが最終目的ですが、多少の間違いがあっても、インテリアイメージとしては伝えることができます。間違いを恐れずに、描いてみて、可能であれば先生や専門家に見てもらって、より良い図面に近づけていってください。

本書を読んで、各種のインテリア図面が描けるようになれば、インテリアデザイン技能検定にチャレンジしてみて下さい。インテリア製図としての基礎的なことをクリアすれば、合格は難しくありません。そして、スタート地点に立つことができた皆さんは、そこから、インテリアデザイン技能のスキルアップが始まります。もっと上を目指して、実務を通してプロになり、クライアントの要望に応えられる人材になっていただきたいと考えています。

インテリアデザイン技能検定は、新しくできた検定試験ですので、まだ、インテリア・建築業界での認知度は低いことでしょう。しかし、数多くの皆さんが、本書でインテリアデザインを勉強し、インテリア製図を描けるようになって、インテリア・建築業界で活躍される頃には、社会的な認知度が高まっていると思います。将来的には、皆さんの知識力を問う検定試験も実施できればと考えています。

ご購読、ありがとうございました。

―― 編　著　者 ――

一般社団法人 日本室内意匠協会

インテリアデザイン技能検定は，本協会が実施しております．
検定の詳細および申込みは，下記ホームページをご覧ください．検定についてのお問い合わせは，下記メールにお願いいたします．

HP 　　　https://interiordesigns.jp/
MAIL 　　info@interiordesigns.jp

※本書は，日本教育訓練センターより発行されていた「インテリアデザイン検定テキスト」（ISBN 978-4-86418-076-4）を，電気書院が継続して発行したものです．

インテリアデザイン技能検定公式テキスト

2024年 3月13日　第1版第1刷発行

編　者　　一般社団法人日本室内意匠協会
　　　　　テ キ ス ト 編 集 委 員 会
発 行 者　田　　中　　　聡

発　行　所
株式会社　電 気 書 院
ホームページ　www.denkishoin.co.jp
（振替口座　00190-5-18837）
〒101-0051　東京都千代田区神田神保町1-3ミヤタビル2F
電話（03）5259-9160／FAX（03）5259-9162

印刷　中央精版印刷株式会社
表紙・装丁　グルーヴィジョンズ
本文イラスト　国文　薫（デザイン春秋会）
Printed in Japan／ISBN978-4-485-22164-8

・落丁・乱丁の際は，送料弊社負担にてお取り替えいたします．
・正誤のお問合せにつきましては，書名・版刷を明記の上，編集部宛に郵送・FAX（03-5259-9162）いただくか，当社ホームページの「お問い合わせ」をご利用ください．電話での質問はお受けできません．また，正誤以外の詳細な解説・受験指導は行っておりません．